元宇宙时代

陈　根◎著

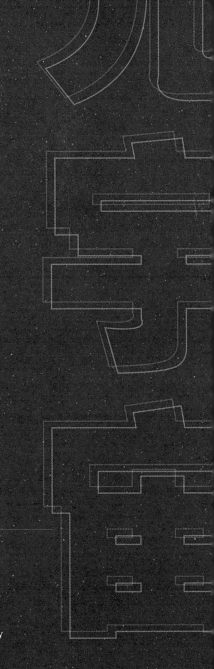

电子工业出版社·
Publishing House of Electronics Industry
北京·BEIJING

内 容 简 介

元宇宙串联了众多数字技术，在当前一系列数字技术创新的推动下演变而成，是数字技术发展的总和。例如，算力重构并搭建了元宇宙；5G为元宇宙夯实了通信网络的底座；人工智能是元宇宙的"大脑"，担任着元宇宙未来管理者的角色。数字孪生成为元宇宙从未来伸过来的一根触角。区块链打造了元宇宙的经济系统。以VR/AR/MR为代表的虚拟技术则是走向元宇宙的关键路径。元宇宙就这样连点成线、连线成面，从科幻走向现实。

图书在版编目（CIP）数据

元宇宙时代/陈根著. —北京：电子工业出版社，2022.4
ISBN 978-7-121-43167-8

Ⅰ.①元…　Ⅱ.①陈…　Ⅲ.①信息经济－通俗读物　Ⅳ.①F49-49

中国版本图书馆CIP数据核字（2022）第047106号

责任编辑：陈韦凯
文字编辑：刘家彤
印　　刷：天津画中画印刷有限公司
装　　订：天津画中画印刷有限公司
出版发行：电子工业出版社
　　　　　北京市海淀区万寿路173信箱　　邮编：100036
开　　本：720×1000　1/16　印张：15　字数：192千字
版　　次：2022年4月第1版
印　　次：2022年4月第1次印刷
定　　价：89.00元

凡所购买电子工业出版社图书有缺损问题，请向购买书店调换。若书店售缺，请与本社发行部联系，联系及邮购电话：（010）88254888，88258888。
质量投诉请发邮件至zlts@phei.com.cn，盗版侵权举报请发邮件至dbqq@phei.com.cn。
本书咨询联系方式：chenwk@phei.com.cn，（010）88254504。

前言
FOREWORD

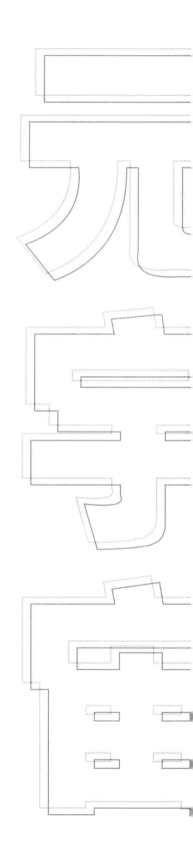

随着算力的持续提升，高速无线通信网络、云计算、区块链、虚拟引擎、VR/AR/MR、数字孪生等技术创新逐渐聚合，"Z世代"和"千禧一代"正以过去人们无法想象的方式在数字世界生活着——更多工作和生活持续数字化，人机交互无限接近甚至超越了人与人的交互体验，海量的数字资产被创造、交易和消费，数字经济效益不断上升并将占据主导地位，这也代表着消费者注意力的颠覆性转移。

在这样的背景下，基于Web3.0技术的虚拟现实混同世界雏形正在诞生，在Web3.0的理想世界中，人们不再刻意区分物理性的真实存在和数字化的虚拟存在。更重要的是，人们会希望他们的朋友、个人所有物和体验都能被虚拟连接。这个万物交互且生生不息的虚拟现实混同世界就是元宇宙。

实际上，早在1992年，元宇宙就已经出

现于尼尔·斯蒂芬森出版的小说《雪崩》中，指虚拟现实、增强现实、混合现实三种模式，在共享的网络空间中相互融合的一种状态。2018年，电影《头号玩家》更生动地将元宇宙具象化。电影中打造了一个"绿洲"场景，玩家可以通过虚拟现实（VR）设备在虚拟世界中自由地探索、娱乐和生活。从《雪崩》到《头号玩家》，元宇宙的概念也渐渐清晰，即一个脱胎于现实世界，又与现实世界平行、相互影响，并且始终"在线"的虚拟世界。

而我给元宇宙的定义则是，元宇宙是在多重前沿技术的推动下叠加出来的，一个现实世界与虚拟世界叠加的多元世界。而这个多元世界，通过一系列前沿技术与人之间形成互联、互通与互动，借助互动催生新的生活方式与商业模式。

其实，元宇宙的概念真正走进现实，则是在 2021 年 3 月 10 日，沙盒游戏平台 Roblox 成为第一个将元宇宙概念写进招股书的公司，成功登陆纽交所，上市首日市值突破 400 亿美元，引爆了科技和资本圈。自此，元宇宙广泛概念迅速升温，引起科技界、资本界、企业界和文化界，甚至政府部门的广泛关注。

值得一提的是，在 2021 年语境下的元宇宙的内涵已经超越了 1992 年《雪崩》中所认知的元宇宙，此时的元宇宙吸纳了多项数字技术革命的成果，向人类展现出构建与传统物理世界平行的全息数字世界的可能性，推动了传统的哲学、社会学，甚至人文科学体系的突破。

此时撰写本书，旨在从技术角度介绍元宇宙的由来，预测元宇宙的发展。元宇宙串联了众多数字技术，是一系列数字技术发展的总和。

算力重构并搭建了元宇宙；5G 为元宇宙夯实了通信网络的底座；人工智能是元宇宙的"大脑"，担任着元宇宙未来管理者的角色；数字孪生成为元宇宙从未来伸过来的一根触角；区块链打造了元宇宙的经济系统；以 VR/AR/MR 为代表的虚拟技术则是走向元宇宙的关键路径。元宇宙就是这样连点成线、连线成面，从科幻走向现实。

我们或许还不能准确地描绘出元宇宙的景观。但是从目前元宇宙已经呈现的前端征兆和发展趋势来看，走向未来的元宇宙将是物体全面互联、客体准确表达、人类精确感知、信息智慧解读的一个新时代。我们感受的，将是由信息交互网络生成的超大尺度、无限扩张、层级丰富、和谐运行的复杂网络系统，呈现在我们面前的将是现实世界与虚拟世界聚融的全新的文明景观。

未来，元宇宙将连接虚拟和现实，丰富人的感知，提升人的体验，延展人的创造力并创造更多可能性。虚拟世界把现实世界进行模拟和复刻，变成现实世界的延伸和拓展，进而反作用于物理世界，最终模糊虚拟世界和现实世界的边界，成为人类未来生活方式的重要愿景。当然，同任何生命有机体的生长过程一样，在元宇宙成为主流化现实以前，我们还需要完成很多艰巨的工作，为元宇宙的后续发展布局做好铺垫。待技术成熟和内容生态完整之日到来，元宇宙的庞大构想终会实现。待元宇宙真正降临，人类社会也将意义全新。

陈根

2022 年 2 月 11 于香港

目录
CONTENTS

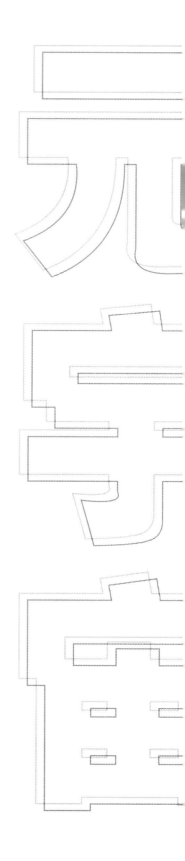

第一章

元宇宙曙光初现

从 1992 年的科幻小说《雪崩》到 2018 年的电影《头号玩家》，元宇宙还只是科幻作品中的理想世界。人们幻想拥有一个完全虚拟的共享空间，使人们随时随地可以从现实世界进入虚拟世界，拥有虚拟身份、朋友圈和经济系统，而这一切都是同步发生的，并且没有延迟。

虽然这些年关于平行世界、虚拟人、云游戏、数字孪生、全真互联网的讨论并不少，但元宇宙被系统性地提出来，成为一个风口，还是在 2021 年 3 月，Roblox 登陆资本市场，被认为是元宇宙行业兴起的标志性事件。从科幻走进现实，资本闻风而动，打开了元宇宙的大门和人们对互联网未来展望的窗口。这一切的到来归功于多项技术的叠加与推动，如计算技术、5G、数字孪生、虚拟现实、区块链、智能穿戴、云计算等。无疑，这些技术的叠加给元宇宙描绘出了一个清晰的轮廓与发展路径。

元宇宙从哪开始

元宇宙（Metaverse）最早出现在科幻小说作家尼尔·斯蒂芬森 1992 年出版的著作《雪崩》（Snow Crash）中。Metaverse 一词由 Meta 和 Verse 组成，Meta 表示超越，Verse 代表宇宙（universe），合在一起则表示超越宇宙的概念，即一个平行于现实世界运行的人造空间。

《雪崩》中的故事发生在 21 世纪初期的美国洛杉矶。在小说构想的未来世界中，政府将大部分权力给予私人企业家和组织，国家安全则交付给雇佣军队，企业之间通过相互竞争来吸引更多资源，政府剩余的权力只是做一些烦琐的工作，社会的繁荣安定与政府无关。政府的大部分土地被私人瓜分，他们又由此建立了私人领地。此时，人们发现了一种名为"雪崩"的药物，这种药物实际上是一种不仅能在网络上传播，还能在现实生活中扩散的病毒，会造成网络系统崩溃和人类头脑失灵。

在这样的设计背景下，斯蒂芬森创造出了一个并非以往想象中的互联网，而是和社会紧密联系的三维数字空间——元宇宙。在元宇宙中，现实世界里地理位置彼此隔绝的人们可以通过各自的"化身"进行交流和娱乐。主角 Hiro Protagonist 的冒险故事便在基于信息技术的元宇宙中展开。

《雪崩》的第五章中就清晰地描述了 Hiro Protagonist 所在的元宇宙中的场景。

"当然，他（小说主角）看到的并非真人，全都是计算机根据光纤传输的数据绘出的动态画面。元宇宙中的每个人其实都是化身，是人们在元宇宙中互相交流时使用的声像综合体。现在，出现在大街上的阿弘同样是化身，如果那两对男女走下单轨列车时朝他这个方向看一眼，他们也能看到他，就像阿弘看到他们一样，大家还可以凑在一起聊聊。但阿弘本人此时位于洛杉矶，而这两对男女可能每人抱着自己的笔记本电脑，正坐在芝加哥市郊的沙发上。不过，他们大概不会

同阿弘交谈,就像在现实世界里,这些好孩子绝不想跟一个身佩双刀、衣着华丽的独行混血仔搭话一样。"

小说中,Hiro Protagonist 的工作是为已经控制了美国领土的黑手党送披萨。在不工作的时候,Hiro Protagonist 就会进入元宇宙。在这个虚拟现实中,人们通过为自己设计的化身从事世俗的活动,如谈话、调情,以及非凡的活动,如斗剑、军事活动等。

像互联网一样,元宇宙是一种集体的、互动的活动,并且不受任何人的控制。就像在游戏中一样,人们控制着在虚拟空间中移动的角色。元宇宙的世界规则由计算机协会全球多媒体协议组织制定,开发者需要购买土地开发许可证,之后便可以在自己的街区构建小街巷,修造楼宇、公园,甚至各种违背现实物理法则的事物。

《雪崩》以后,1999 年的《黑客帝国》、2012 年的《刀剑神域》,以及 2018 年的《头号玩家》等知名影视作品则把人们对于元宇宙的解读和想象搬到了大银幕上。

相较于《雪崩》,《黑客帝国》中融入了大量哲学元素,如存在主义、结构主义、宿命论、虚无主义等。相同的是,《黑客帝国》也构建了一个区别于真实世界的元宇宙。在《黑客帝国》的元宇宙中,人类通过插孔接入虚拟神经网络——母体或者矩阵(Matrix),虚拟神经网络可以模拟现实,通过电磁信号让大脑产生幻觉,实现对人类完完全全的控制,这也是一种从身体到灵魂的绝对控制。

从此,人类的基因存在于"计算机人"中,思想存在于母体中。母体可以通过观察人类的各种活动来实现自我学习,学习的结果则用于母体的升级改造和人工智能机械的改造。母体经过了 6 次版本升级后将面临最关键的一次版本升级——让人工智能机械拥有爱情，以观察人类爱情对于生命进化的意义。这是一次危险的尝试，有可能会导致母体构建的人工智能世界的全面崩溃。男主人公尼奥就是此次升级的候选人。

尼奥借助莫斐斯的红色药丸的力量，从虚拟世界的梦中醒来，发现自己正赤身裸体，身处在一个巨大的机器工场里的生命胚胎孵养器中，浑身上下插满了与虚拟世界相连的插管。正是这些，使他在虚构世界中生活了二十多年而不自知。尼奥向周围看去，才发现自己身在壮阔的生命基地中，原来自己只是成千上万的蒙昧未醒的魂灵中的一个。恐怖的机械手在不停地巡视着，当生命在被创造出来的同时就已经签约了灵魂的死亡。一场关于真实与虚假的博弈也从这里开始。

在 2018 年斯皮尔伯格指导的电影《头号玩家》中塑造的"绿洲"世界，则更加接近元宇宙的形态。故事中的处于混乱和崩溃边缘的现实世界令人失望。一个由鬼才詹姆斯·哈利迪一手打造的虚拟宇宙"绿洲"吸引了人们的注意，人们纷纷将被救赎的希望寄托于"绿洲"。人们可以在"绿洲"中赛车、冒险，所有在虚拟世界的感官刺激都可以通过体感服或者虚拟现实（VR）设备使现实世界的人产生真实的感官体验。

在这个虚拟世界中有繁华的都市和独立的经济系统，生活在这里的人可以成为任何人，做任何事情。即使一个在现实世界中挣扎于社会边缘的失败者，也可以在"绿洲"中成为超级英雄。于是在"绿洲"中，人们可以从千疮百孔的现实世界中解脱，将现实中的沮丧与失望

通通抛弃，在这个平行于现实世界的虚拟世界中重拾自我。

从《雪崩》到《黑客帝国》，再到《头号玩家》，元宇宙的概念也渐渐清晰，这是一个脱胎于现实世界，又与现实世界平行且相互影响，并且始终"在线"的虚拟世界。

从"元"到元宇宙

元宇宙之"元"奥义

"元（meta）"源于希腊语前置词与前缀"μετά"，意即"之后""之外""之上""之间"。当前，这个意思还可以从单词"metaphysics（形而上学）"和"meta-economy（元经济）"中隐约看出。亚里士多德于公元前四世纪创作了《形而上学》，讨论了人们在研究物理世界后可能研究的现实的本质。在《变形记》（The Metamorphosis）中，"元"是指将形式转变为一种超越现有形式的新形式。

中文的"元"是古词，始见于商代甲骨文及商代金文，其字形像头部突出的侧立的人形，本义即"头"。"头"位居人体最高处，而且功能非常重要，因此引申表示为"首要的""第一的"。"元"也用来表示天地万物的本源，含有根本的意思。后来，"元"作为"头"的用法逐渐被"首"取代，而"元"在语言使用当中更多的是使用它的引申义。《说文解字》中写道："元，始也，从一从兀""惟初太始，道立于一，造分天地，化成万物"；董仲舒在《春秋繁露》中写道："元者为万物之本"，极为简明而传神。

现代的"元"的概念则始于 1920 年大卫·希尔伯特（David Hilbert）提出的元数学。一般来说，元数学是指使用数学技术来研究数学本身，是一种将数学作为人类意识和文化客体的科学思维或知识。这种自我指涉的意义成为了后来"meta-anything"大多数版本的核心。

随着 Lisp 语言的出现，"meta"开始具有技术内涵。Lisp 语言起源于 1958 年，是至今仍广泛使用的历史悠久的高端编程语言。Lisp 语言是在人工智能研究中最受欢迎的编程语言，部分原因在于它具有所谓的元编程（meta programming）能力——编写或者操纵其他程序（或者自身）作为其数据，或者在运行时完成部分本应在编译时完成的工作。随着 Lisp 语言的流行，不少为 Lisp 语言程序员设计的键盘甚至带有 Meta 键。

Lisp 语言发明十年后，约翰·李利（John Lilly）在《人类生物计算机中的编程和元编程》中将元编程的概念应用于人类，20 世纪 60 年代的迷幻英雄蒂莫西·利里（Timothy Leary）曾将其称为"20 世纪最重要的三个思想之一"。约翰·李利提出，环境不断地"编程"人类，在一种强烈的半人工致幻剂和精神兴奋剂（LSD）作用的实验中，可以允许人类修改其"程序"。

1979 年，道格·霍夫施塔特（Douglas Hofstadter）与 Basic Books 出版社合作出版了《哥德尔、埃舍尔、巴赫：集异璧之大成》，

书中借鉴元数学和元编程的早期用法,使用前缀"meta"表示自我参照。

流行文化中"meta"的含义也自此初步确定:当我们谈论某事是"元"时,那是因为我们在自我指涉地谈论某事。"元"中的"自我指涉地谈论某事"含义使这个词成为独立的形容词,被用来描述一类自我反思和旁观自己的行为。

"元"中的"旁观自己"的含义在艺术中经常被使用。举一个最简单的例子,一本书中的主人公正在写书或者一部电影中的主人公正在拍电影,这种形式就可以被称为"元"。有些作品非常夸张地使用了"元"这种形式,如电影《鸟人》就讲了一个在电影《鸟人》(同名)中扮演超级英雄的演员尝试去重启他在戏剧舞台的职业生涯,去拍一场更像电影的戏剧。

关于"元"在流行文化中的用法也可以用一个公式来描述:元 + B = 关于 B 的 B。例如,元认知就是关于认知的认知;元数据就是关于数据的数据;元文本就是关于文本的文本;而元宇宙,也就是关于宇宙的宇宙。

关于宇宙的宇宙

尽管解开了"元"的奥义,知道元宇宙就是关于宇宙的宇宙,但对于元宇宙如何"关于宇宙",市场对于元宇宙这一概念的看法并不统一。下面列举了部分产业人士对于元宇宙的理解和认知。

Epic Games CEO Tim Sweeney:元宇宙是我们从未见过的大

规模参与式的实时 3D 媒介，在虚拟世界中享受实时的社交互动体验，同时带有公平的经济系统，并且所有创作者都可以参与并获得奖励。虽然目前 Fortnite、Minecraft、Roblox 彰显了部分元宇宙的特征，但是还远不及元宇宙。

Roblox CEO Dave Baszucki：元宇宙包括身份、沉浸感、低时延、多元化、随地、经济系统和文明等特点。同时，未来的元宇宙应该是由用户创造的，而 Roblox 公司则是工具和技术的提供者。

VC 分析师 Matthew Ball：元宇宙不仅仅代表"虚拟空间""虚拟经济"，或一款游戏、应用商店和 UGC 平台，而是一个持久稳定且实时性的，可以容纳大量的参与者横跨虚拟世界和现实世界的存在。元宇宙拥有闭环经济系统，数据、资产互操作性，以及可持续生产内容的用户。

腾讯 CEO 马化腾：这是一个从量变到质变的过程，它意味着线上线下的一体化，实体和电子方式的融合。虚拟世界和真实世界的大门已经打开，无论是从虚到实，还是由实入虚，都在致力于帮助用户实现更真实的体验。从消费互联网到产业互联网，应用场景也已打开。通信、社交在视频化，视频会议、直播正在崛起，游戏也在云化。随着 VR 等新技术、新的硬件和软件在各种不同场景的推动下，我相信又一场大洗牌即将开始。

腾讯研究院高级研究员徐思彦：从字面意思来看 Metaverse 即"超越世界"，它是一种持续的能被分享的虚拟空间。在这个与人类社会平行的虚拟空间里，人们不仅可以娱乐，还可以社交、消费等，这些行为不需要人亲身参与，但又可以和现实互相影响。在理想的元宇宙

中，玩家可以在虚拟空间中完成现实世界的几乎所有事情。

米哈游 CEO 蔡浩宇：希望未来 10 到 30 年内，能够做出像《黑客帝国》《头号玩家》等电影中那样的虚拟世界，并能够让全球十亿人生活在其中。

总结当前产业人士对于元宇宙的理解，不难发现一些共性。元宇宙的理想形态，是一个拥有极致沉浸的体验、丰富的内容生态、超时空的社交体系、虚实交互的经济系统，能映射现实人类社会文明的超大型数字社区。

所谓的元宇宙就是在多种科学技术的推动下产生的一个虚拟现实混同世界，个体与现实世界都将基于技术而变得无处不在与触手可及。使用宇宙这个概念，是为了表达这个即将到来的虚拟现实混同世界的广大。将虚拟与现实两个世界进行叠加，叠加之后所产生的世界的边界我们目前不得而知，因此我们称之为元宇宙。

元宇宙的几大核心要素

（一）稳定的经济系统

元宇宙最"科幻"的地方在于，可能孕育一个真实的社会经济体系。现有的游戏经济中，许多玩家会花时间收集数字资源以在游戏内或游戏外出售。这种"劳动"通常是短暂的、重复的，并且仅限于一些应用，但是这种劳动的多样性和价值将随着元宇宙自身的发展而增长。例如，画家可以将自己的作品以 **NFT** 代币的形式出售并变现，玩家在元宇宙中的虚拟物品、创作成果等也可以转化为数字资产。一旦数字资产被引入元宇宙，游戏就不仅是游戏了。个人和企业能够进行创造、投资、出售等行为，并可通过工作创造价值。

元宇宙需要像现实一样，拥有独立的经济系统和独立的经济属性。事实上，元宇宙的核心正在于可信地承载人的资产权益和社交身份。这种对现实世界底层逻辑的复制，让元宇宙成为了坚实的平台，任何用户都能参与创造，且劳动成果受到保障。元宇宙的内容是互通的，用户创造的虚拟资产可以脱离平台束缚而流通。这就使元宇宙形成与现实生活类似的经济文化繁荣，同时与现实经济体系形成关联。

真正的元宇宙是一个基于虚拟与现实互通、互动、互换、互融的社会形态与生活方式。基于此，人们在元宇宙中的劳动、创作、生产、交易和在实际生活中的劳动、创作、生产、交易没有区别。任何人都可以进行创作与交易，并能通过"工作"获得回报，而且用户的虚拟权益能够得到保障。也就是说，当数字资产被引入元宇宙中，玩家在元宇宙中的虚拟物品、创作成果等也可以转化为数字资产。个人和企业能够进行创造、拥有、投资、出售等行为，并可通过劳动创造价值。如用户在元宇宙中建造的虚拟房子，不受平台限制并能够轻松交易，可用于交换元宇宙或者现实世界中的其他物品，其价格由市场决定。

（二）强社交性

提到社交性，就不得不提及马斯洛理论，社交关系的产生与人生

所处的阶段紧紧相关。在现实生活中，社交关系从人们出生时就已经存在，并呈网状持续发展。人们出生后便有了社交需要，这种需要不完全是主动的，此阶段人们社交行为的目的更多的是为了获得健康成长、人身安全、教育、经济收入等基本保障，例如，我们和监护人或者启蒙老师（泛指）的关系；社交欲望则在自我意识萌芽的时候开始体现，伴随着心理年龄的增长，社交欲望驱使我们衍生更多有趣的社交关系。

在互联网时代没有到来以前，人们往往只能被限制在一个狭小的社会圈子里，包括从出生就拥有了稳固的社会关系——亲人；紧接着会出现人们在社会生存和发展过程中的必要连接关系，如开始接受教育后，与同班同学和老师产生的必要连接；步入职场后，与同组同事产生的必要连接等。

互联网时代的到来使一种全新的人类社会组织和生存模式悄然走进我们的社会，构建了一个超越地球空间的、巨大的群体——网络群体。21世纪的人类社会正在逐渐浮现出崭新的形态与特质，网络全球化时代的个人正在聚合为新的社会群体。互联网的出现让我们的各种圈子被无限扩张，微博拉近了普通人与明星、名人之间的距离；知乎集结了世界上各种新奇问题和解答者；陌陌提供了与附近异性建立联系的机会。

相较于互联网，元宇宙将提供更加丰富的线上社交场景。元宇宙能够寄托人的情感，让用户有心理上的归属感。用户可以在元宇宙中体验不同的内容，结交数字世界的好友，创造作品，进行交易、教育、开会等社会活动。

（三）沉浸式体验

沉浸式体验与人类的进化具有深刻的联系。人类对于沉浸式体验的向往和开发，经历了一个漫长的历史过程。早在古希腊时代，柏拉图等学者就描述了"感官体验"的特点。尼采在分析"赫拉克利特式世界"时指出：游戏不是任意地玩耍，而是极为投入地创造，从而能够内生地形成秩序。游戏者一方面在全然地投入，另一方面又超越地获得静观，这正是游戏让人获得巨大快感体验的奥秘。可以说，人类获得沉浸式体验的过程，既是一种孜孜不倦地建构和探索的历程，又是一种获得巨大快感和美感的游戏过程。

沉浸式体验随着生产力的进步而进入高级阶段。在工业社会之前，由于科技装备和消费水平的限制，人们获得的沉浸式体验往往是碎片化、偶然性的，也难以成为人们广泛追求的消费形态。当人类进入后工业化时代，人们的消费观跨越了追求价廉物美、物有所值、充分享受等阶段。新型视听、人工智能、5G、AR、VR 等技术的应用又提供了实践的可行性，即借助于科技装备和创意设计，把高品质的体验发展为一种具有高价值的消费形态，这推动了人们对于体验消费的大力开发和广泛追求。

美国学者 B. 约瑟夫·派恩在《体验经济》中指出，体验是人类历史上的第四种经济提供物。农业经济提供了自然的产品，工业经济提供了标准化的商品，服务经济提供了定制化的服务，而体验经济则提供了个性化的体验。当标准化的产品、商品、服务都开始产能过剩的时候，唯有体验是供不应求的高价值承载物。

如现在的沉浸式体验的鬼屋、密室逃生游戏和戏剧等深受年轻人的喜爱，在沉浸式戏剧代表作《不眠之夜》中，观众不再是坐在台下的旁观者，而成了真正参与到戏剧之中的一分子。各种探索事件由观众触发和发现，各种道具都是真实的，如可以拆开的书信、湿的血迹、阴冷的风等，让人们真真正正地感受什么是沉浸式体验。

沉浸式体验具有大奇观、超震撼、全体验、逻辑力的特点。其中，大奇观集成了新型视听、人工智能、高仿真、混合现实、人机互动等先进技术，能够在人的肉眼和耳朵无法达到的广阔领域（包括微观和宏观领域）形成奇观效果；超震撼即超越了观众在自然界和日常生活中获得的体验程度，达到极致化的高强度和宽领域体验，这种超强度表达本身就是一种难忘的体验；全体验以包裹式手段，全方位调动观众的视觉、听觉和触觉等，从表层的感官体验到深度的哲理体验，使之忘我地进入预先设计的情境中；逻辑力则以现代逻辑（包括符号思维、关联逻辑、多值思维等）作为内在的架构，形成一个虽然奇幻却更为真切的，并且能够自主运行的视听世界。

元宇宙也应具备对现实世界的替代性，由主题设计引导，根据现代逻辑而设计，通过智能手段的有效控制，元宇宙是汇聚了多种体验的高度集成形态。在虚实结合的大趋势下，信息终端沿着高频交互、拟真两条路线发展，基于 VR 和 AR 的 XR 设备在拟真度上的突破将给沉浸式体验带来质的提升。

（四）丰富的内容

目前，国际上尚未形成统一的数字内容标准，但国内外基本都认定数字内容产业主要包含八大产业：数字游戏产业，如家用游戏机游戏、计算机游戏、网络游戏、大型游戏机游戏、掌上游戏机游戏等；计算机动画产业，如影视、游戏等娱乐方面的应用和建筑、工业设计等工商业方面的应用；移动内容产业，如短信、铃声下载、新闻及其他数据服务；数字影音应用产业，如传统的电影、电视、音乐的数字化和新的数字音乐、数字电影、数字KTV、互动的数字节目等；数字学习产业，包括网络远程教育、教育软件及各种课程服务的以计算机等终端设备为辅助工具的学习活动；网络服务产业，如各种ICP、ASP、ISP、IDC、MDC等；数字出版产业，如数字出版、数字图书馆、各类数据库等；内容软件产业，主要包括提供数字内容产业服务的应用软件和平台。

通过数字内容产业的产生过程可以发现，数字内容产业要顺利发展，没有高效率的内容传输渠道和坚固的信息技术支持是不可能实现的。没有为这一产业提供数字素材的、与数字内容产业有着诸多产业交叉的那些带有内容原创性特征的产业（如教育、娱乐、咨询、艺术和文化产业等）也是不行的。也就是说，如果数字内容产业要完全发挥作用，需要一个产业群的支持，即数字内容产业群，这个群包含从内容生成、内容加工、内容服务、数字传输到接收终端整个过程的全部产业，覆盖面极广。

要想将元宇宙作为用户长期生活的虚拟空间，就必须发展内容工

具和生态，开放第三方接口并降低创作门槛，借助于人工智能形成自我进化机制，包括高效率的内容传输渠道、坚固的信息技术、开放的自由创作，以及可持续产生内容的环境等。

互联网的终极形态

虽然元宇宙表现为一系列实时且最终相互关联的在线体验，但它其实是由早就被产业人士所熟知的变革性趋势赋能的，其中就包括共享社交空间、数字支付和游戏化等。而从一个完全的物理世界到与现实世界混合的虚拟世界，再到一个完全虚拟的元宇宙，互联网是其中最大的技术变量——归根结底，元宇宙代表了第三代互联网的全部功能，是互联网绝对进化的最终形态。

互联网从诞生到商用

1957 年 10 月 4 日，苏联发射了第一颗人造地球卫星 Sputnik，拉开了彼时美国军政当局大力研发"互联"技术的序幕。

艾森豪威尔总统于 1958 年拨款成立了高级研究计划署（ARPA），其目的在于集中控制所有高级军事研究项目，防止各级军队内部恶性竞争。在接下来的几年里，随着 ARPA 的不断发展，其研究范围也逐渐扩展。研究领域之一的指令和控制，随着分时计算系统的应用开始在军事基地中被广泛采用。

1962 年，一位交互理论专家里克莱德（JCR Licklider）接管了控制部门。他对分时交互系统深信不疑，并开始资助生产厂商所属的计算机研究中心，如资助道格拉斯·恩格尔巴特（Douglas Engelbart）领导的斯坦福研究所（最终发明了鼠标）。在里克莱德及其继任者伊凡·苏泽兰特（Ivan Sutherland）和鲍勃·泰勒（Bob Taylor）的推动下，ARPA 资助了大量重要的交互计算开发项目（包括网络项目），目的在于连接各高级研究计划署站点无法兼容的系统，并允许研究人员共享计算能力和数据。

互联网真正诞生于 1969 年，源于美国国防部高级研究计划署研制的高级研究计划署网络（ARPAnet）。1969 年 1 月，博尔特（Bolt）、贝拉尼克（Beranek）和纽曼（Newman）受委托开发接口报文处理器，为 ARPAnet 实施报文分组交换提供技术支持，通过建立一套标准来管理计算机在接口报文处理器网络中的对话、应用程序的种类及工作方式。

因此，来自各站要求互联的学者们构成了网络工作组（Network Working Group），并依靠"一系列以编号排定的文件（Request for Comments，RFC）"开始建立该标准。在几轮修改后，学者们最终达成共识。这次讨论的第一个成果便是 Telnet 和文件传输协议（FTP）的诞生，Telnet 支持远程用户登录系统，这就如同利用终端直接连接一样，FTP 则解决了网络中的文件交换问题。更为重要的是，他们开

发了网络控制协议（NCP）这一通用系统。该协议身负对称连接系统的任务，而不仅是连接客户端/服务器（C/S）配置。

1969 年 10 月，两个接口报文处理器成功连接。虽然其中一台计算机随后立即崩溃，但实践证明，该理念是可行的。于是，接下来的两年里，更多的系统被连接起来。网络控制协议最终在 1971 年完成，那个时候，美国已拥有 15 个 ARPAnet 节点，连接系统多达 23 个。

1978 年，贝尔实验室提出了 UNIX 和 UNIX 复制协议（UUCP）。1979 年的新闻组（讨论关于某个主题的讨论组）网络系统就是在 UUCP 的基础上发展起来的。新闻组是串联开发的，提供了一种在世界范围内交换信息的新方法。但是，新闻组不被视为 Internet 的一部分，因为它不共享 TCP/IP 协议，它连接了全世界的 UNIX 系统，并且许多 Internet 站点充分利用了新闻组。可以说，新闻组是网络世界发展的重要组成部分。

1983 年，当 ARPAnet 采用 TCP/IP 作为其基本协议时，其他网络已开始在 ARPAnet 架构之外提供电子邮件、文件传输及协作服务，有一部分网络属于商业网，如美国国际商用机器公司（IBM）的系统网络体系结构（SNA）和美国数字设备公司（DEC）的 Decnet，而另外一些是用于学术研究的，如计算机科学网（CSNet）、国际学术网（Bitnet），以及 1984 年成立的英国联合学术网（Janet）。

其中最引人瞩目的是由美国国度科学基金会（National Science Foundation，NSF）确立的 NSFnet。NSF 在美国确立了按地域划分的计算机广域网并将这些地域网络和超级计算机中心互联起来。NSFnet 于 1990 年 6 月彻底取代了 ARPAnet 而成为 Internet 的主干网，并逐渐扩展成今天的互联网。可以说，NSFnet 对互联网的最大贡献就是使互联网对整个社会开放，而不像以前那样，仅被计算机研究人员和政府机构使用。

门户时代的 Web1.0

尽管在现代人看来，没有互联网的生活简直难以想象，但实际上，现代互联网发展至今也不过 40 多年的时间。它最为人熟知的面孔——万维网（World Wide Web），存在的时间更是仅 30 年有余。

20 世纪 90 年代初，由于一系列基础设施和应用软件的发展和推动，网络也开始变化。截至 1990 年，互联网已连接了 30 万台主机和 1000 多个使用 Usenet 标准的新闻组。编写新闻服务器（Usenet）的初衷是采用内置的 UUCP 协议来连接 UNIX 主机，可 Usenet 最终还是被并入 TCP/IP。ARPAnet 正式"退休"，只有互联网在继续发展。1991 年，万维网的发布极大地改变了互联网的面貌，并推动互联网进入 Web1.0 时代。

1994 年，网景公司发布了历史上第一款浏览器，尽管这款浏览器并不像今天五花八门的浏览器一样有好看的"皮肤"和丰富的功能，但却真正开创了将信息展示出来的方法。同年，CSS 的发布，让网页开始有美化功能，网页样式逐渐丰富多彩。也是这一年，W3C 创始人创立了大名鼎鼎的 W3C 理事会，即万维网联盟。现在，世界 Web 技术标准都是由该组织制定的。

1995 年，由 Netscape 发布的 JavaScript 横空出世。JavaScript 的出现终于让浏览器有了"智慧"，即可自行操作。例如，常见的登录 / 注册，可以让浏览器自行判断用户输入的数据是否正确，什么时候给出错误提示，以及将我们填入的数据进行加密保护处理等。JavaScript 的诞生具有历史性意义，因为 JavaScript 的诞生，才让前端的发展产生无限的可能。

1996 年，微软推出 iframe 标签，打破了浏览器只有同步渲染的模式，页面不再按顺序依次加载渲染，从而实现了异步加载模式，极大提高了网页的打开速度。同年，W3C 召开了第一次会议，推出了第一个 CSS 和 HTML 规范版本。这从根本上解决了混乱无序、层出不穷的版本，让大家共同制定规范，不再各自为政，极大促进前端往健康方向发展。

Web1.0 时代，从技术角度看，前端 Web 诞生，奠定了互联网后续的发展道路。而从商业角度看，互联网从仅仅为某个领域所用逐渐走向社会，为大众所用。Web1.0 时代是一个群雄并起、逐鹿网络的时代，也是网络对单向信息只读的门户时代，是以内容为最大特点的互联网时代。

Web1.0 的本质就是聚合、联合、搜索，其聚合的对象是巨量、芜杂的网络信息，是人们在网页时代创造的最小的独立的内容数据，如博客中的一篇网络日记、Amzon 中的一则读者评价、Wiki 中的一个条目的修改。可以小到一句话，大到几百字，可以是音频文件、视频文件，甚至是用户的每一次支持或反对的点击。事实上，在互联网问世之初，其商业化核心竞争力就在于对于这些微小内容的有效聚合与使用。Google、百度等有效的搜索聚合工具，一下子把这种原本微不足道的离散的价值聚拢起来，形成一种强大的话语力量和丰富的价值表达。

在 Web1.0 时代做出巨大贡献的公司有 Netscape、Yahoo 和 Google 等。Netscape 研发出第一个大规模商用的浏览器，Yahoo 的杨致远提出了互联网黄页，而 Google 后来居上，推出了大受欢迎的搜索服务。就盈利而言，Web1.0 都基于一个共同点——巨大的点击流量，无论是早期融资还是后期获利，依托的都是为数众多的用户和点击率。以点击率为基础上市或开展增值服务，受众群众的基础决定了盈利的水平和速度，充分地体现了互联网的眼球经济色彩。

需要指出的是，尽管 Web1.0 已初具盈利的可能，但依然没有很好的商业模式，产品经理概念尚未流行，产品运营理念尚在萌芽。并且，Web1.0 只解决了人对信息搜索、聚合的需求，而没有解决人与人之间沟通、互动和参与的需求。Web1.0 是只读的，内容创造者很少，绝大多数用户只是充当内容的消费者。而且它是静态的，缺乏交互性，访问速度比较慢，用户之间的互联也相当有限。

走向互动的 Web2.0

2004 年 3 月，在欧雷利媒体公司（O'Reilly Media）的一次头脑风暴会议上，Web2.0 被明确提出。随后，在欧雷利媒体公司的极力推动下，全球第一次 Web2.0 大会于 2004 年 10 月在美国旧金山召开。

从此，Web2.0 这一概念以不可思议的速度在全球传播开来。

目前，关于 Web2.0 的较为经典的定义是 Blogger Don 在他的《Web2.0 概念诠释》一文中提出的："以 Craigslist、Linkedin、Tribes、Ryze、Friendster、Del.icio.us、3Things.com 等网站为代表，以博客、TAG、SNS、RSS、Wiki 等软件的应用为核心，依据六度分隔、XML、Ajax 等新理论和技术实现的互联网新一代模式。Web2.0 是相对 Web1.0 的新一类互联网应用的统称，是一次从核心内容到外部应用的革命。"

如果说 Web1.0 主要解决的是人对于信息的需求，那么，Web2.0 主要解决的就是人与人之间沟通、交往、参与、互动的需求。从 Web1.0 到 Web2.0，需求的层次从信息上升到了人。

虽然 Web2.0 也强调内容的生产，但是内容生产的主体已经由专业网站扩展为个体，从专业组织的制度化的、组织把关式的生产扩展为更多"自组织"的、随机的、自我把关式的生产，逐渐呈现去中心化趋势。个体生产内容的目的，也往往不在于内容本身，而在于以内容为媒介，延伸在网络社会中的关系。因此，Web2.0 使网络不再停留在传递信息的媒体这样一种角色上，使网络在成为一种新型社会的方向上走得更远。这个社会不再是一种"拟态社会"，而是成为与现实生活相互交融的一部分。

博客是典型的 Web2.0 的代表，博客是一个易于使用的网站，用户可以在其中自由发布信息、与他人交流，以及从事其他活动。博客能让个人在网络上表达自己的心声，获得志同道合者的反馈并与其交流。博客的写作者既是档案的创作人，也是档案的管理人。博客的出现成为网络世界的革命，它极大地降低了建站的技术门槛和资金门槛，使每一个互联网用户都能方便快速地建立属于自己的网上空间，满足了用户由单纯的信息接收者向信息提供者转变的需要。时下流行的微博，正是从博客发展而来的。

博客成功构建了一个 Web2.0 时代的生态系统，包括微观、中观与宏观三个层面。博客作者或阅读者是其微观层面；某一个个体的博客平台所吸纳的人群是其中观层面；整个博客世界则是其宏观层面。博客生态系统不是简单的"写"与"看"的供求关系，也不是简单的"表演"与"观看"的关系，而是由人们在社会整体生态环境影响下形成的多重需求构成的生态关系。

从博客作者的角度看，他们有着自我形象塑造的深层心理动因，有着多种功利性使用诉求，也有着社会报偿这样的外在追求。从博客受众角度看，寻找社会归属感是其主要心理动因，同时也有着各种外在的功利性目标。博客传播者与受众的诉求相互呼应、相互伺服，这才构成了具有丰富内涵的博客世界生态景观。

博客世界这个宏观系统，会产生独有的文化、社区、习俗、制度乃至机构，它们都不是无源之水，而是对社会这个更大的社会生态系统的相关因素的继承。同时，由于博客生态环境的特殊性，又会赋予它们一些特质，例如，相对自由性、开放性、宽容性与多变性等。它们作用于作为微观层面的个体，并借助个体的中介作用对传统的社会生态系统产生影响。博客生态系统三个层面的相互作用，决定了个人博客的兴衰，也决定了整个博客世界的兴衰。更重要的是，这种相互作用，是博客世界对于社会与文化产生影响的深层机理。

Web3.0 是否等于元宇宙

从 Web1.0 到 Web2.0，互联网让社会的生活和生产发生了翻天覆地的变化，将人们从现实世界带入与现实世界混合的虚拟世界。现在，Web3.0 时代正在到来。如果说，Web1.0 的本质是聚合、联合、搜索，Web2.0 的本质是互动、参与，那么，Web3.0 的本质就是进行更深层次的人生参与和生命体验。

我们或许还不能准确地描绘出它的景观，但是从目前已经呈现的前端征兆和发展趋势来看，Web3.0 时代将是物体全面互联、客体准确表达、人类精确感知、信息智慧解读的一个新时代。Web3.0 时代将是一个基于万物互联的超链接时代。它将生成一个物质世界与人类社会全方位连接的信息交互网络，人们感受的是由此生成的超大尺度、无限扩张、层级丰富、和谐运行的复杂网络系统，呈现在人们面前的将是现实世界与数字世界聚融的全新的文明景观。

如同任何生命有机体的生长过程一样，互联网的传播也在不断地发展演进之中。这一过程可以理解为从比较简单的、低级的层次向复杂的、高级的层次进化和演进。自 20 世纪 90 年代万维网技术的正式应用至今，互联网走出了一条"网"与"人"不断接近、不断融合的道路。从 Web1.0 到 Web3.0，互联网虚拟世界的仿真程度已经越来越高。如今，网络虚拟生活仍在向真实生活的深度和广度进行全方位的延伸，从而达到逼真地、全面地模拟人类生活的程度。

大致来说，Web3.0 将是一个虚拟化程度更高、更自由、更能体现网民个人劳动价值的网络世界，一个融合虚拟世界与物理世界的第三世界，一个如同真实世界一样的虚拟世界。而由 Web3.0 的全部功能所构建的景观，正是元宇宙的最终形态。归根结底，元宇宙代表了第三代互联网的全部功能，是互联网绝对进化的最终形态，更是未来人类的主要生活方式。元宇宙连接虚拟和现实，丰富人的感知，提升体验，延展人的创造力并创造更多可能。虚拟世界从对现实世界的模拟和复刻，变成现实世界的延伸和拓展，进而反作用于现实世界，最终模糊虚拟世界和现实世界的界限，是人类未来生活方式的重要愿景。

加速出圈的元宇宙

在一部分人们还没有弄清楚虚拟现实（VR）、增强现实（AR）、区块链的 NFT、云计算这些概念时，元宇宙这个囊括了上述元素、带着强烈科幻色彩的词就成了网络讨论的热点。随着大厂布局、资本追捧，元宇宙概念已然成为市场最炙手可热的名词。在技术迅猛发展、游戏切入赛道，以及疫情推动社会生活数字化的当下，元宇宙正在加速出圈。

技术迅猛发展

5G、云计算、VR/AR、区块链的 NFT、人工智能、数字孪生等

技术的迅猛发展及应用正驱动人类向元宇宙迈进。云计算技术推动云游戏进入预热阶段，5G 将弥补传输短板并带动云游戏全面发展，驱动消费娱乐化的普及程度持续提升，打破时间、地点、终端对于各类传媒互联网服务的限制，人工智能技术在传媒互联网各垂直领域的运用将全面赋能传媒场景，提升信息生产及分发的效率。

VR/AR 技术及设备的持续迭代则有望不断优化用户的数字化生活体验，随着 VR/AR 设备出货量的持续提升及体验的持续升级，基于 VR/AR 的数字化服务将围绕各类场景不断渗透，为用户带来颠覆性、沉浸式的元宇宙数字生活体验。事实上，一个真正沉浸式的平行世界，必然需要 VR/AR 设备的支撑。

但从真正的元宇宙社会的角度而言，我们将最大程度脱离 VR/AR 设备的束缚，进入无屏全息（即屏幕无处不在）的场景中。

在互联网刚刚开启快速发展模式时，作家尼尔·史蒂芬森就在科幻小说《雪崩》中畅想了一个超现实主义的元宇宙世界：人们沉浸式地生活在数字世界中，以虚拟形象进行交流。但是彼时，元宇宙的核心——VR 却依旧未突破技术桎梏，受制于芯片技术和加工工艺。

在称为"VR 元年"的 2016 年，Facebook（已更名为 Meta）等互联网巨头纷纷入局。根据 CVSource 投中数据，当年中国相关项目的融资事件达 120 起，累计融资额近 25 亿元，但 VR 最终还是因缺乏内容支撑，在国内外的热度急转直下。

然而，自 2019 年起，随着网络环境升级（5G 高速网络有效降低时延带来的眩晕感）、硬件设备不断成熟（引入菲涅尔透镜、FastLCD 屏幕、VR 专用芯片等提升设备清晰度、减轻设备重量、优化视场角及沉浸感等），以及软件产品优化（开发者更懂得如何针对VR终端特点开发游戏），VR产品体验显著提升。

在此基础上，受2020年初以来的新冠肺炎疫情蔓延催化，消费者居家时间延长、娱乐需求提升，VR再次成为热门娱乐终端。具有超强沉浸感的新品热门游戏《半衰期》的发布，更进一步彰显了VR的社交属性，加速了VR产品在终端的推广。根据IDC数据，2020年全球VR出货量同比增长2%，达555万部，自2017年出货量连续下降以来首次重回正增长。其中，美国地区VR出货量同比增长58%，达284万部，约占全球的51%，较2016年美国地区VR出货量全球占比大幅提升23%，引领全球VR需求复苏。

据IDC等机构统计，2020年全球VR/AR市场规模约900亿元，其中，VR市场规模达620亿元，AR市场规模达280亿元。中国信通院预测，全球虚拟（增强）现实产业2020年至2024年的五年年均增长率约54%，其中，VR增速约45%，AR增速约66%。预计2024年，二者的市场规模将相近，均达到2400亿元。

VR快速升温，既有疫情的影响，也因为近年来技术瓶颈得到突破，特别是5G时代已至，在网络传输、通信时延等方面均有较大提升。赛迪智库将5G与4G的关键性能指标对比后发现，在5G条件下，低时延将减轻玩家的眩晕感，相关主机或将摆脱连接线，甚至直接将算力放到云端，大幅降低设备的体积和重量。

当然，VR只是一方面。作为底层硬件，它能够为用户带来立竿见影的升级体验。除VR以外，5G、云计算及边缘计算解决了算力限制及信息传输的速率质量，其大规模应用渗透将为用户提供随时随

地联通虚拟世界的支持；基于深度学习的人工智能能够提升数据采集和处理的效率，能够增强个性化的服务能力并助力丰富内容，能为数字化生活的数据采集和处理，以及内容生产提供助力。

在这些技术的支持下，人类生活的数字化程度将进一步提升，加速通往元宇宙。

游戏切入赛道

作为元宇宙雏形的 Roblox 是一家提供沙盒类游戏创作和在线游玩的游戏平台，于 2021 年 3 月 11 日上市，并且实现强劲的股价表现。Roblox 作为第一个将元宇宙写进招股书的公司，吸引了 4200 万名日活用户和超过 700 万名的内容创作者。并且，其开发了超过 1800 万种游戏体验，玩家参与时长超过 222 亿小时。

据招股书披露，2020 年 Roblox 日活用户达到 3260 万人，同比增长 85%。截至 2021 年第一季度，Roblox 日活用户达到 4200 万人，同比增长 79%。受新冠肺炎疫情隔离政策的推动，用户线上活跃度增加。2020 年第一季度至 2021 年第一季度平台用户总时长从 48.8 亿小时增长至 96.7 亿小时，同比增长 98%。在用户行为方面，2021 年第一季度同比增长 11%，平均每个日活用户每日消耗 2.6 小时。自 2020 年第一季度以来，单日活用户贡献时长保持增长趋势，表明平台用户黏性持续增加。2021 年第一季度单用户季度贡献流水达到 15.5 美元，新冠肺炎疫情以来单用户季度贡献流水增长率由负转正，新增用户迅速适应平台并成为成熟用户。其活跃的开发者生态和用户生态及商业模式为市场展现了元宇宙的发展潜力，并带领游戏行业成功切入元宇宙赛道。

事实上，游戏天然就具有虚拟场景以及玩家的虚拟化身。如今，游戏的功能已经超出了游戏本身，并在不断"打破次元"。

2020 年 4 月，美国著名流行歌手 Travis Scott 在吃鸡游戏《堡垒之夜》中，以虚拟形象举办了一场虚拟演唱会，吸引了全球超过 1200 万玩家参与其中，打破了娱乐与游戏的边界。

疫情期间，加州大学伯克利分校为了不让学生因为疫情错过毕业典礼，在沙盘游戏《我的世界》里重建了校园，学生以虚拟化身齐聚一堂完成毕业仪式。全球顶级人工智能学术会议之一的 ACAI，还把 2020 年的研讨会放在了任天堂的《集合啦！动物森友会》（简称：动森）上举行，打破了学术和游戏的边界。

由于无法进行线下聚会，一些家长在《我的世界》或者 Roblox 上为小孩举办了生日 Party，而很多人的日常社交也变成了一起在动森的岛屿上钓鱼、抓蝴蝶、串门，打破了生活和游戏的边界。

Gucci 与 Roblox 合作推出了 "The Gucci Garden Experience" 虚拟展览，用户在 Roblox 平台上可以欣赏 Gucci 展览，并有机会选购几款展出期间限时购买的虚拟单品，打破了商业和游戏的边界。

可以看见，市场上已经出现一系列基于游戏内核的沉浸式场景体验，娱乐、消费、甚至会议工作等现实行为均能够转化为多元化的虚拟体验。未来在元宇宙中，虚拟和现实的边界将不断被淡化。

疫情推动社会生活数字化

从社会发展角度看，元宇宙将是属于下一代人的真实"数字"社会，是当前互联网与物联网的进阶形态。既然其依托于社会系统而建立，必然与现实世界的发展有着千丝万缕的关系。在这样的背景下，疫情以及"Z世代"社交的需求将是短期和中长期的催化。前者加速了线上化进程，后者是中长期的需求导向。

一方面，2020年初席卷全球的新冠肺炎疫情仍未得到完全控制。截至2021年5月17日，全球累计确诊感染人数达1.6亿人，累计死亡人数达339万人。即便是在疫情防控常态化的情况下，居家办公、线上商务依然是一种趋势。根据腾讯2020年年报显示，腾讯会议已成为中国最大云会议独立App，用户数超1亿人，借力疫情，腾讯会议从默默无闻做到家喻户晓。

放眼全球，线上化趋势同样明显，且疫情将继续改变用户习惯。2020年，ZOOM、Microsoft Teams、Google Meet等云通信大放异彩。虽然随着疫情的好转，市场关注度略有下降，但远程办公并没有消失。相反，龙头ZOOM的付费率和用户增长情况远超市场预期，其背后的原因正是远程办公在降低办公成本的同时往往还能提高员工的工作效率。越来越多的企业和个人接受了线上化，生产生活方式在潜移默化中发生了深远的改变。

过去基于物理实体空间协同办公的工作方式也因为疫情的到来而从根本上发生了改变。一些企业，尤其是互联网企业开始逐渐接受与适应基于互联网的虚拟远程办公模式。

除在线办公之外，电商、娱乐、医疗等赛道也纷纷实现线上化。如网络社区团购、智能物流配送、生鲜电商。由于疫情期间消费者外出频次减少，生鲜、食品等商超品类到家业务需求激增，主流生鲜到家平台的活跃用户规模、日人均使用次数及时长均显著增加。就盒马鲜生而言，2020 年第一季度线上购买对盒马交易总额的贡献占比约60%，同比提升 10%。人们已经越来越多地通过网络渠道满足其现实生活的需求，而线上化、数字化正是元宇宙的前提条件。

人工智能、云计算的引入，使线上线下融合得更为紧密。不论是滴滴的司机、亚马逊的无人配送，还是快递小哥，在他们按照 App 的指示快速"运转"的时候，虽然他们还是在线下为中心化的企业服务，但其调度模式等却越来越线上化、数字化。

疫情缩减了人们的线下活动空间，线上活动迎来增长，用户互联网在线时长增加。疫情作为催化剂，迫使人们首次完全从物理世界中脱离，反思现实世界的因与果。对虚拟世界投入的时间和精力增加，也让人们对虚拟世界的价值认同不断增强，从文化层面为元宇宙的到来做好了铺垫。

另一方面，高度发达的互联网技术带来了越来越多的数字设备，如智能手机、平板计算机、智能手表，以及由智能传感器的普及而催生的各种数字设备，越来越多地进入人们的生活，将人们推入一个从未有过的信息繁盛时代。如今，一个青年人的大脑所接收的信息量超出过去很多，而触网年龄，还在不断幼龄化。00/10 后已经逐渐进入大众观察的视野之中，并成为真正在数字全包围的环境中成长起来的第一代。

以中国为例，据 Wavemaker 发布的《数字时代的中国孩童白皮书》显示，中国当下 6 ~ 15 岁的孩童多达 1.6 亿名。他们开始使用计算机的平均年龄为 7.8 岁，开始使用智能手机的平均年龄为 7.3 岁，大部分在 9 岁以前都已接触各种数字设备、电子游戏、社交媒体。可以说，这 1.6 亿人口，是中国第一批拥有"数字童年"的群体。当然，这离不开技术的革新。数字技术的普及和推广让数字设备在生活中随处可见。智能手机的渗透率已经空前饱和，根据中国工业和信息化部的数据，中国每百人拥有移动电话的数量达到了 112.2 部，已经超过了人手一部手机的范畴。而这里面，拥有智能手机的儿童和青少年绝不在少数。同时，"Z 世代"更倾向于在网络中表达观点，更在意生活体验。元宇宙给人类提供的数字生活体验，是另一种人生维度，是人的情感、生活方式的拓展，是一种可重启、可重置、脱离物理世界的生活。在元宇宙中，体验感、成就感和幸福感都是低成本且不存在资源垄断的，这对于"Z 世代"来说，吸引力无疑是巨大的。

此外，疫情的冲击、网络平台的崛起还为"Z 世代"的生活与职业发展提供了更多可能性。国内随着电商、直播的兴起，"Z 世代"自由职业机会凸显，越来越多的人以全职或兼职拍视频为职业。在字节跳动 2020 年社会责任报告中，2020 年抖音带动直接、间接就业机会达 3617 万个，并宣布 2021 年将支持创作者变现超 800 亿元。当前虽距离实现《头号玩家》的场景尚远，但社会发展变化趋势却逐步清晰。

第二章

谁在驱动元宇宙

元宇宙的终极形态是一系列"连点成线"的技术创新的总和。乔布斯曾提出一个著名的"项链"比喻，iPhone 的出现，串联了多点触控屏、iOS、高像素摄像头、大容量电池等单点技术，重新定义了手机，开启了激荡十几年的移动互联网时代。

iPhone 是智能手机领域的创世之作，带来了屏幕触控；iPhone3 GS 开启了 3G 时代，并加入 App Store 生态；iPhone 4S 首发语音助手 Siri，引领了手机语音技术的发展；iPhone 5 系列首次采用 touch ID，引领了指纹识别；在 iPhone 8 系列中，Face ID 取代 touch ID，带来了全面屏技术。

真正意义上的元宇宙仍需要更多的技术进步和产业聚合，但目前，随着算力持续提升、VR/AR、区块链、人工智能、数字孪生等技术创新逐渐聚合，我们已经逐渐接近元宇宙的"iPhone 时刻"。

算力重构：搭建元宇宙

算力是元宇宙最重要的基础设施。

构成元宇宙的图像内容、区块链网络、人工智能技术都离不开算力的支撑。元宇宙并不是网络游戏，但与游戏类似的是，元宇宙是一个承载活动的虚拟世界。算力支撑着元宇宙虚拟内容的创作与体验，更加真实的建模与交互需要更强的算力作为前提。

以算力为支撑的人工智能技术能够辅助用户创作，生成更加丰富真实的内容。依靠算力的工作量证明机制（POW）是目前区块链使用最广泛的共识机制，算力的护城河保障着数字世界的去中心化价值网络。可以说，算力是通向元宇宙的重要阶梯。

算力是人类智慧的核心

人类文明的发展离不开算力的进步。在原始人类有了思考之后，才产生了最初的计算。从部落社会的结绳计算到农业社会的算盘计算，再到工业时代的计算机计算。

计算机计算也经历了从 20 世纪 20 年代的继电器式计算机，到 20 世纪 40 年代的电子管计算机，再到 20 世纪 60 年代的晶体管计算机。其中，晶体管计算机的计算速度可以达到每秒几十万次。集成电路的出现令计算速度从 20 世纪 80 年代的每秒几千万次，发展到现在的每秒几亿亿次。

人体生物研究显示。大脑神经每秒跳动达到 14 亿亿次，这也让 14 亿亿次成为计算机、人工智能超过人脑的拐点。可见，人类智慧的进步和人类创造的计算工具的速度有关。从这个意义来讲，算力是人类智慧的核心。

过去，算力更多地被认为是一种计算能力，而大数据时代则赋予了算力新的内涵，包括大数据的技术能力、系统计算程序的能力。综合来看，算力可以被理解为数据处理能力。2018 年诺贝尔经济学奖

获得者 William D. Nordhaus 在《计算过程》一文中对算力进行定义："算力是设备根据内部状态的改变，每秒可处理的信息数据量。"

算力包括四个部分：一是系统平台，用来存储和运算大数据；二是中枢系统，用来协调数据和业务系统，直接体现着数据治理能力；三是场景，用来协同跨部门合作的运用；四是数据驾驶舱，直接体现着数据治理能力和运用能力。可见，算力作为大数据运算程序的能力，是多个功能运用所形成的环世界的融合与累加。

当我们把这项能力用以解决实际问题时，算力便改变了现有的生产方式，增强了存在者的决策能力和信息筛选能力。与此同时，多元化的场景应用和不断迭代的新计算技术，推动计算和算力不再局限于数据中心，开始扩展到云、网、边、端全场景。计算开始超脱工具属性和物理属性，演进为一种泛在能力，实现新的蜕变。

从作用层面上看，伴随人类对计算需求的不断升级，计算在单一的物理工具属性之上，逐渐形成了感知能力、自然语言处理能力、思考和判断能力。借助大数据、人工智能、卫星网、光纤网、物联网、云平台、近地通信等一系列数字化软硬件基础设施，以技术、产品的形态，加速渗透进社会生产及生活的各方面。

小到智能计算机、智能手机、平板等电子产品，大到天气预报、便捷出行、医疗保障、清洁能源等民用领域应用，都离不开计算的赋能支撑。计算已经实现从"旧"到"新"的彻底蜕变，成为人类能力的延伸。

正如美国学者尼葛洛庞帝在《数字化生存》一书的序言中所言，"计算，不再只与计算机有关，它还决定了我们的生存"。算力正日益成为影响人们社会生活方式的重要因素。

元宇宙的重要基础设施

算力是构建元宇宙最重要的基础设施。构成元宇宙的虚拟内容、区块链网络、人工智能技术都离不开算力的支撑。

虚拟世界的图形显示离不开算力的支持。计算机绘图能够将模型数据按照相应流程渲染到整个画面的每一个像素，因此所需的计算量巨大。无论是应用场景的互动、玩家的各种游戏，还是精细的 3D 模型，里面的模型大部分都是通过多边形建模（Polygon Modeling）创建出来的。

3D 场景中的人物的移动、动作，乃至根据光线发生的变化，则是计算机根据图形学进行计算并实时渲染出来的。这个渲染过程需要经过顶点处理、图元处理、栅格化、片段处理及像素操作这五个步骤，而每一个步骤都离不开算力的支持。

算力支撑着元宇宙虚拟内容的创作与体验，更加真实的建模与交互需要更强的算力作为前提。游戏创作与显卡发展的飞轮效应，为元宇宙构成了软硬件基础。从游戏产业来看，每一次重大的飞跃，都源于计算能力和视频处理技术的更新与进步。

游戏 3A 大作往往以高质量的画面作为核心卖点，充分利用甚至压榨显卡的性能，形成"显卡危机"的游戏高质量画面。游戏消费者在追求高画质、高体验的同时，也会追求强算力的设备，从而形成游戏与显卡发展的飞轮效应，这在《极品飞车》等大作中已出现。

以算力为支撑的人工智能技术将辅助用户创作，生成更加丰富真实的内容。构建元宇宙最大的挑战之一是如何创建足够的高质量内容，专业创作的成本高得惊人。3A大作往往需要几百人的团队数年的投入，而UGC平台也会面临质量难以保证的困难。为此，内容创作的下一个重大发展将是人工智能辅助人类创作。

虽然今天只有少数人可以成为创作者，但这种人工智能补充模型将使内容创作完全民主化。在人工智能的帮助下，每个人都可以成为创作者，这些工具可以将高级指令转换为生产结果，完成众所周知的编码、绘图、动画等繁重工作。除创作阶段外，在元宇宙内部也会有NPC参与社交活动。这些NPC具有自主决策能力，从而进一步丰富数字世界。

依靠算力的工作量证明机制（POW）则是目前区块链使用最广泛的共识机制，去中心化的价值网络需要算力保障。记账权的争夺（也是通证经济激励的争夺）通过算力付出的竞争来决定胜负准则。从经济角度看，这也是浪费最小的情况。为了维护网络的可信与安全，需要监管和惩戒作恶节点、防止51%攻击等，这些都是在POW的约束下进行的。

推动算力发展

元宇宙对算力提出了极高的要求，尽管算力作为元宇宙最重要的基础设施，已经极大地改变了社会面貌。需要指出的是，当前的算力架构依然无法满足元宇宙对于低门槛、高体验的需求。但是，边缘计算、量子计算和芯片架构的发展将推动算力的发展，为元宇宙的发展扫清障碍。

（一）边缘计算

通常，在海量的数据中，既包括一次性的数据，又包括有价值的数据，数据种类杂乱无章。想要对数据进行梳理和筛选，就离不开计算机运算。在本地计算机算力成本等限制下，越来越多的应用依赖于云计算，因而对于云计算算力的需求也在逐步加大。当然，云计算在提供服务的同时，算力系统的优化也在同步进行中。

然而，云计算虽强大，却也存在其局限性。一般而言，当对数据进行处理时，若只通过云计算来进行数据处理，则不可避免地导致数据处理拖沓的情况。从整个流程来看，所有数据先通过网络全部传输到中心机房。随后，通过云计算进行处理，待处理完成后，再将结果传输到相应位置。而对于这样的数据处理过程会有两个较为突出的问题。

一是算力的时效性。数据反馈会出现时延，海量数据传输是这个问题形成的主要原因，数据在有限的带宽资源中传输会出现阻塞的情况，进而使响应时间加长。二是算力的有效性。所有数据都会传输到中心机房，但其中部分数据是没有使用价值的，因为缺少预处理过程，这些数据会导致云计算算力的浪费。

"中心—边缘—端"的运作模式适时解救了云计算的困窘，并在

电信网时代得到了充分应用，也在一定程度上保证整个网络有序且有效地运作。其中，中心指的是程控交换中心，边缘指的是程控交换机，而端则指的是终端，如电话。

互联网时代，"中心—边缘—端"模式得以延续，"数据中心—CDN—移动电话 /PC"是其在互联网时代的应用。其中，内容分发网络（Content Delivery Network，CDN）的设计是为了尽量避免网络拥挤的情况，为客户就近提供所需内容，达到提高用户访问网站的响应速度的目的。这种边缘化的设计能使在线内容的分发或传输得到优化，进而提高网络效率和用户体验。

然而，传统 CDN 也存在局限性。传统 CDN 注重缓存，这显然不能满足"云计算 + 物联网"时代。在"云计算 + 物联网"时代，数据大量爆发，所需要传输的数据将会以几何形式增加，对于整个网络的承载将会是极大的考验。

从传统 CDN 的运作模式来看，终端所产生的数据需要回溯到中心云进行处理，在海量数据传输的情况下，将会出现使用成本高和技术实现难这两个较为突出的问题。从使用成本来看，传统 CDN 使用成本一直居高不下，最主要的原因是资费收取不够灵活，无法实现按需收取，而技术问题则表现在带宽上。以移动网为例，传统 CDN 系统一般部署在省级 IDC 机房，而非移动网络内部。因此，数据需要通过较长的传输路径才能到达数据中心。

显然，传统 CDN 已不能满足"云计算 + 物联网"时代日益增加的海量数据对存储、计算及交互需求的要求。为提升数据处理的时效性与有效性，边缘计算应运而生。这个"边"就代表了边缘的节点，边缘计算顾名思义，指在靠近数据源头的一侧为中心平台就近提供计算服务。边缘计算的理念和章鱼有些类似，这里的节点可以理解为章鱼的触角，属于分布式计算的一种。

在更靠近终端的网络边缘上提供服务是边缘计算最大的特点。对于这样的设计，能满足各行业基于数字化，在敏捷连接、实时业务、数据优化、应用智能、安全与隐私保护等方面的关键需求。边缘计算具备的优势对智能化具有促进作用，能够串联起物理和数字两个世界。

作为继分布式计算、网格计算、云计算之后的又一新型计算模型，边缘计算是以云计算为核心，以现代通信网络为途径，以海量智能终端为前沿，集云、网、端、智四位一体的新型计算模型。可以说，边缘计算是解决未来数字化难题的重要路径。

当然，对边缘计算的接纳与开发也需要经历一个漫长的过程。美国容错技术有限公司首席技术官 John Vicente 将边缘计算的成熟度分为四个阶段，从边缘计算 1.0 的孤立的静态系统到边缘计算 4.0 的无形的自适应、自管理系统。

1.0阶段涉及如何安全地管理和连接机器与设备以启用数字边缘。这一阶段只具备在数字世界实现业务运营所需要的基本能力。

在 2.0 阶段，边缘计算将开始采用开放的软件定义技术。软件定义技术是指从底层计算机硬件中提取各项功能，并使这些功能能够在软件中执行。例如，借助软件定义网络（SDN）技术，企业通过集中控制平台修改包括路由表、配置和策略在内的各种属性，而不必逐一修改各交换机的属性，从而更轻松地管理网络。软件定义技术促成了

基于云技术的安全服务的实现，使企业无须自己拥有防火墙和入侵检测/防护系统等。

在 3.0 阶段，IT 和 OT 将实现真正的融合，具备一系列弹性和实时能力。如今，仍然有很多 IT 未触达的工业领域。例如，工厂需要机械控制系统以执行确定性行为，并保障安全性。这些机械控制系统诞生于操作技术领域，而不是信息技术产业。

落实边缘计算 3.0 的功能是成功迈向边缘计算 4.0 的必要条件。在 4.0 阶段，IT 和 OT 的基础设施和运营将与人工智能（AI）相融合，一个自管理、自愈和自动化的工业领域即将诞生。一旦机器出现问题，AI 系统就能进行诊断和修复——无须人工干预。

边缘计算是提升算力的必然趋势，边缘计算可以为所有设备提供高质量的交互式体验，从而增加人们在元宇宙的体验感，为算力支撑元宇宙保驾护航。

（二）从 GPU 到 DPU

很长一段时间以来，算力的天下都由中央处理器（CPU）和图形处理单元（GPU）平分。也是因为 CPU 和 GPU 为新超大规模数据中心提供了的动力，才使计算摆脱了 PC 和服务器的局限。

自 1950 年以来，中央处理器就一直是每台计算机或智能设备的核心，是大多数计算机中唯一的可编程元件。并且，CPU 诞生后，工程师也一直没放弃对于让 CPU 以消耗最少的能源实现最快的计算速度的努力。即便如此，人们还是发现 CPU 做图形计算太慢，在这样的背景下，图形处理单元（GPU）应运而生。

英伟达提出了 GPU 的概念，将 GPU 提升到了一个单独计算单元的地位。GPU 是在缓冲区中快速操作和修改内存的专用电路，因为可以加速图片的创建和渲染，所以得以在嵌入式系统、移动设备、个人计算机以及工作站等设备上被广泛应用。1990 年以来，GPU 逐渐成为了计算的中心。

事实上，最初的 GPU 还只是用来做实时图形处理的。后来，凭借其优秀的并行处理能力，GPU 已经成为各种加速计算任务的理想选择。随着机器学习和大数据的发展，很多公司都会使用 GPU 加速训练任务的执行，这也是今天在数据中心中比较常见的用例。

大多数的 CPU 不仅期望在尽可能短的时间内更快地完成任务以降低系统时延，还需要在不同任务之间快速切换并保证实时性。正是因为这样的需求，CPU 往往都会串行地执行任务。GPU 的设计则与CPU 完全不同，它期望提高系统的吞吐量，在同一时间竭尽全力处理更多的任务。

设计理念上的差异最终反映在 CPU 和 GPU 的核心数上，GPU往往具有更多的核心数。当然，CPU 和 GPU 的差异也很好地形成了互补。

近几年，因为系统中的 CPU 承受越来越多的网络和存储工作负载，已有的通用 CPU 和 GPU 开始不能完全满足快速变化的应用需求。据 IDC 统计，近 10 年来全球算力增长明显滞后于数据的增长。每 3.5个月全球算力的需求就会翻一倍，远远超过了当前算力的增长速度。

在此驱动下，全球计算、存储和网络基础设施也在发生根本转变。

一些复杂的工作负载，在通用的CPU上不能得到很好地处理。或者说，以CPU为中心的数据中心架构已经不能满足需求，因为只有以数据为中心才能更好地满足市场和应用的需求。

英伟达网络事业部亚太区市场开发高级总监宋庆春此前就表示："以前计算规模和数据量没那么大，冯·诺依曼架构很好地解决了提高计算性能的问题。随着数据量越来越大，以及AI技术的发展，传统的计算模型会造成网络拥塞，继续提升数据中心的性能将面临挑战。"

数据处理单元（DPU）的出现或将解决这一困境。作为最新发展起来的专用处理器的一个大类，DPU为高带宽、低时延、数据密集的计算场景提供计算引擎。当前，DPU已成为以数据为中心的加速计算模型的三大支柱之一，其还将成为CPU的卸载引擎，释放CPU算力到上层。

按照技术出现的时间顺序和特点，DPU的发展可以分为三个阶段。第一阶段即智能设备阶段，这一阶段也可以称为DPU的史前时代。在这一阶段，解决节点间流量问题的最简单的方式是增加网卡的处理能力，通过在网卡上面引入SoC或者FPGA的方式加速某些特定流量应用，从而加强网络的可靠性、降低网络时延，提升网络性能。

Xilinx和Mellanox在这个领域起步较早，可惜由于战略能力不足，错失了进一步发展的机会，逐渐被DPU取代，最终被淘汰。其中，Mellanox被NVIDIA收购，Xilinx被AMD收购。智能网卡作为DPU的应用产品而存在。

第二阶段是数据处理芯片阶段，这个阶段也是数据处理芯片真正开始被重视的阶段。最早由 Fungible 在 2019 年提出，但没有引起太大反响。NVIDIA 将收购的 Mellanox 重新包装之后，2020 年 10 月又重新定义了 DPU 这个概念，这一次的重新定义使 DPU 这一概念一炮而红。

具体来看，DPU 被定义为一种新型可编程处理器，集三个关键要素于一身，包括：行业标准的、高性能的、软件可编程的多核 CPU，通常基于已应用广泛的 ARM 架构与 SoC 组件密切配合；高性能网络接口，能以线速或网络中的可用速度解析、处理数据，并高效地将数据传输到 GPU 和 CPU；各种灵活和可编程的加速引擎，可以卸载 AI、机器学习、安全、电信和存储等应用，并提升性能。

第三阶段则是基础设施芯片阶段。第三阶段的方案由 Intel 提出，变成了"FPGA+Xeon-D"的模式，通过 PCB 的方式放在一个智能网卡上。不难发现，Intel 将 IPU 定位成在 host CPU 上面"外挂"的一个小 CPU。并且，未来这个"外挂"的 CPU 和 FPGA 会被封装在一个芯片中，形成通过 PCI-e 总线互联的两个 CPU 系统。

当然，无论处于哪个阶段，这些 DPU 功能对于实现安全的、裸性能的、原生云计算的下一代云上大规模计算都具有重要意义。NVIDIA 首席执行官黄仁勋此前在演讲中表示，"它将成为未来计算的三大支柱之一""CPU 用于通用计算，GPU 用于加速计算，而 DPU 则用于数据处理"。

一方面，GPU 更安全。因为控制平面可以在系统内和系统集群之间与数据平面分离，DPU 还可以执行原本需要 CPU 处理的网络、存储和安全等任务。这就意味着如果在数据中心中采用了 DPU，那

么 CPU 的不少算力可以被释放出来。

另一方面，DPU 还释放了服务器的容量。在一些具有大量 I/O 和沉重虚拟化系统的内核成本将缩减一半，因此吞吐量提高了 2 倍。除了内核成本，还要计算整个机器的成本，包括其内存和 I/O，以及释放的容量。

此外，DPU 丰富的、灵活的和可编程的加速引擎可减轻与改善 AI 和机器学习应用的性能。所有的这些 DPU 功能对于实现隔离的裸机云原生计算至关重要，可以预见，从 CPU、GPU 再到 DPU 的架构将会让管理程序、调度程序都变得更加容易。从边缘到核心数据中心，统一架构、统一管理、统一调度或将在不久之后得以实现。

（三）量子计算

量子计算的发展也将进一步变革算力。

通常来说，量子计算是一种遵循量子力学规律调控量子信息单元计算的新型计算模式，它与现有计算模式完全不同。

在理解量子计算的概念时，通常将它与经典计算相比较。在经典计算机中，信息的基本单位是比特。计算机所做的事情都可以被分解成 0 或 1 的简单操作。

与传统计算机由比特构成的方式类似，量子计算机由量子比特（quantum bits）构成，一个量子比特对应一个状态（state）。但是，比特的状态是一个数字（0 或 1），而量子比特的状态是一个向量。更具体地说，量子比特的状态是二维向量空间中的向量，这个向量空间称为状态空间。

经典计算使用二进制的数字电子方式进行运算，而二进制总是处于 0 或 1 的确定状态。于是，量子计算借助量子力学的叠加特性，能够实现计算状态的叠加。即不仅包含 0 和 1，还包含 0 和 1 同时存在的叠加态（superposition）。

普通计算机中的 2 位寄存器一次只能存储 1 个二进制数（00、01、10、11 中的一个），而量子计算机中的 2 位量子比特寄存器可以同时保持所有 4 个状态的叠加。当量子比特的数量为 n 个时，量子处理器对 n 个量子比特执行一次操作就相当于对经典比特执行 $2n$ 次操作。

此外，加上量子纠缠的特性，量子计算机相较于当前使用最强算法的经典计算机，理论上将在一些具体问题上有更快的处理速度和更强的处理能力。

近年来，量子计算技术与产业呈现加速发展态势，而有关量子计算技术的突破多与三个因素有关，即量子比特能够维持量子态的时间长度、量子系统中连接在一起的量子比特的数量和对量子系统出错的把握。

量子比特能够维持量子态的时间长度，被称为量子比特相干时间。其维持叠加态（量子比特同时代表 1 和 0）的时间越长，它能够处理的程序步骤就越多，因而可以进行的计算就越复杂。其中，IBM 率先将量子技术引入实用计算系统，将量子比特相干时间提高到了 100 微秒。而当量子比特相干时间达到毫秒级时，将足以支持计算机解决当今经典计算机解决不了的问题。

从量子系统中连接在一起的量子比特的数量突破来看，2019 年 10 月，谷歌公司在《Nature》期刊上宣布了使用 54 个量子比特处理器 Sycamore，实现了量子的优越性。具体来说，Sycamore 能够在 200 秒内完成规定操作，而相同的运算量在超级计算机 Summit 上则需要 1 万年才能完成。这项工作是人类历史上首次在实验环境中验证了量子的优越性，也被《Nature》认为在量子计算的历史上具有里程碑意义。

2020 年，中国团队研发的量子计算机"九章"问世，挑战了谷歌量子的优越性，实现算力全球领先。"九章"作为一台 76 个光子 100 个模式的量子计算机，其处理"高斯玻色取样"的速度比超级计算机"富岳"快一百万亿倍。这是史上第一次，一台利用光子构建的量子计算机的表现超越了运算速度最快的经典超级计算机。

量子力学是物理学中研究亚原子粒子行为的一个分支，而运用神秘的量子力学的量子计算机，超越了经典牛顿物理学极限的特性，为实现计算能力的指数级增长提供了可能。

例如，针对人工智能产生的量子算法潜在应用就包括量子神经网络、自然语言处理、交通优化和图像处理等。其中，量子神经网络作为量子科学、信息科学和认知科学多个学科交叉形成的研究领域，可以利用量子计算的强大算力提升神经计算的信息处理能力。

在自然语言处理领域，2020 年 4 月，剑桥量子计算公司宣布在量子计算机上执行的自然语言处理测试获得成功。这是全球范围内量子自然语言处理应用获得的首次成功验证。研究人员利用自然语言的"本征量子"结构将带有语法的语句转译为量子线路，在量子计算机上实现程序处理的过程，并得到语句中问题的解答。而利用量子计算，将有望实现自然语言处理在"语义感知"方面的进一步突破。

时代在变化，算力构筑了元宇宙技术体系的底层逻辑，其对人和世界的影响已经嵌入社会生活的各方面。算力打造的元宇宙将是一个人人都能从中获益的时代，是一个跟过去完全不同的时代。立足算力，发展算力，已经势在必行。

算力随着技术的发展，将会从过去中心化的机房运算模式分化为前端设备、边缘计算、云计算等多维度的实时运算处理方式。

5G：元宇宙的网络底座

纵观通信发展史，传输速率的提升一直是主旋律。元宇宙的海量实时信息交互和沉浸式体验的实现需要通信技术和计算能力的持续提升作为基础，从而实现用户对于低时延感和高拟真度的体验，而这显然是 4G 时代难以企及的高度。

5G 时代的到来却为应用创新提供了极具生命力的土壤。现在，随着 5G 带来的传输速率提升、时延减少以及连接数提升等通信能力的升级，元宇宙网络层面的基础正不断夯实。

5G 蔚然成风

实际上，早在 2015 年 6 月，ITU 在 ITU-R WP5D 的第 22 次会议上就已正式提出第五代移动通信系统（5G）的概念。5G 不仅在用户体验速率、连接数密度、端到端时延、峰值速率和移动性等关键能力上比前几代移动通信系统更加丰富，且能为实现海量设备互联和差异性服务场景提供技术支持。2019 年的 5G 商用正式宣告了 5G 时代的来临。

目前，全球业界已经就 5G 概念及关键技术达成共识，5G 将进一步增强人们的移动宽带应用使用体验，以创新驱动为理念，力求成为软件化、服务化、敏捷化的网络，并服务于智慧家庭、智能建筑、智慧城市、云工作、云娱乐、自动驾驶汽车等垂直行业。

毫无疑问，5G 已经成为全球移动通信领域新一轮信息技术的热点话题。当然，5G 作为信息时代的关键信息技术，也对国家的数字建设具有重要作用。近年来，中国、韩国和美国成为全球 5G 商用第一梯队国家，5G 发展呈现出不同特点，也为后续 5G 应用全面铺开提供了宝贵的经验。

就我国而言，一直以来，我国都将 5G 发展作为重大战略机遇，在技术上支持国内企业开展基础技术研究。在国家战略层面，《国民经济和社会发展第十四个五年规划和 2035 年远景目标纲要》中三次提及 5G 建设与应用；2021 年才发布的《5G 应用"扬帆"行动计划（2021—2023 年）》，提出八大专项行动和四大重点工程，为未来 3 年我国 5G 应用创新发展指明方向。

在行业应用方面，截至 2021 年 5 月底，我国 5G 基站超过 81.9 万个，5G 终端连接数超过 3.35 亿户。我国 5G 用户体验平均下载速率为 374.2Mb/s，上传速率达到 31.4Mb/s，均为 4G 的 10 倍以上。

在技术创新方面，得益于我国移动通信产业的坚实技术基础，我国 5G 产业仅用 1 年就实现了从标准冻结到商用产品的成熟过程，独立组网产业链逐步成熟。我国 5G 应用普及已处于全球第一梯队。

韩国是较早使用 5G 技术的国家。截至 2021 年 3 月，韩国 5G 用户累计达到 1448 万户，总移动用户的渗透率达到 20.4%。一方面，5G 流量效应明显。当前，韩国 5G 用户流量超过 4G 用户流量，5G 用户的月户均流量 25 ～ 26GB，且流量使用分布较为均匀。另一方面，韩国运营商也推出海量应用服务，积极探索 5G 在工业互联网、医疗健康、智慧交通、文化产业、机器人、城市公共安全和应急等领域的应用创新。以 VR/AR 为例，截至 2020 年年底韩国 LG U+ 一家电信运营商的应用体验数量就达到 4800 种。

对于美国而言，科技领域的领先是美国一直以来的优势。2020 年 3 月，美国白宫发布《美国 5G 安全国家战略》，提出了加快美国 5G 国内部署、评估 5G 基础设施相关风险并确定其核心安全原则、推动负责任的 5G 全球开发和部署等战略。

根据 Omdia 披露的数据，2020 年美国 5G 用户规模不大，仅为 990 万户，受疫情的影响，比之前的预测用户数有所下降。虽然美国 5G 用户普及速度不如中国、韩国等国，但美国在毫米波和动态频谱共享（DSS）等技术领域相对领先，已在纽约、洛杉矶、芝加哥等多个城市进行毫米波商用部署。同时，美国三大运营商都已经提供了毫

米波 5G 商用服务。

总的来说，尽管新冠肺炎疫情导致各国 5G 网络基础设施建设面临一定阻力，但 5G 建设进度仍保持相对稳定的水平，呈现良好发展态势。

5G 改变生产

如果说 4G 改变了人们的生活，使人类社会进入全 IP 时代。那么，5G 则具有比 4G 更高一个量级的威力——5G 改变了生产，这也是 5G 技术为各国所看重的原因。

5G 技术具有万物互联、高速度、泛在网、低时延、低功耗、重构安全等特点和优势。5G 技术的发展使整个人类社会的生产和生活产生深刻变革。5G 构建起万物互联的核心基础能力，不仅带来了更快更好的网络通信，更肩负起赋能各行各业的历史使命。

在感官多维度交互功能方面，5G 大带宽特性能够支持更丰富的听觉、视觉、触觉等感知智能，将促进 VR/AR/MR、全息视频、触觉互联网等智能技术族的全面落地。例如，VR/AR/MR 技术通过"再语境化"的信息，为用户提供沉浸式视频体验，从而成为彻底颠覆传统人机交互内容的变革性技术。

在需求端，VR/AR/MR 技术强调视觉、触觉、听觉等多感官的交互方式，符合消费者自然行为的需求发展趋势；在供给端，优质企业增强布局力度，优化用户体验，而产品价格的下降和内容的丰富也将引起用户群体的再次关注。

5G 天然具有移动性和随时随地访问的优势，可为 VR 业务提供更加灵活的接入方式，使 VR 业务从固定场景、固定接入走向移动场景、无线接入，从技术实现上赋能虚拟现实。"5G+Cloud+VR/AR/MR"，可将复杂的渲染程序通过 5G 网络传输放在云端服务器中实时处理，降低对 GPU 等硬件的要求，助推"VR+ 娱乐""VR+ 教育""VR+ 体育"等"VR/AR/MR+X"多元化应用场景，满足更便捷、更具象的通信需求，以及更互动、更沉浸的视听需求。

此外，5G 还会使设备彻底告别有线连接，真正意义上实现设备"无绳化"与"轻量化"，最大程度优化用户体验。可以预见，"沉浸体验 + 智慧空间"将成为未来的最大特征。

在算力泛在化部署功能方面，5G 的独特架构可以实现分布式计算，使其不再限于物理集中或者嵌入硬件，云和端无缝连接将使基础设施向信息化、智能化演进升级。进入万物互联时代，每个设备都可直接接入云服务器并与之进行超低时延的高效互通，海量的信息将进入云服务器网络，并不断"喂食"人工智能。

这意味着，云端服务器的应用效率和人工智能的学习进度将大大提高，工业数据通过 5G 网络汇总起来，形成自己的数据库。据信通院预测，到 2025 年我国云计算市场规模将超过 5000 亿元，超过80% 的企业将把关键任务迁移到云上。

在数据实时性流通功能方面，强大的 5G 网络能够构筑覆盖卫星、物联网等天地一体化场景，促进更大规模、更大范围的数据采集、传输、存储、处理和应用，加速推动数据流变成价值流。据 IDC 预测，

到 2025 年我国数据规模将达到 48.6ZB，复合增长率超过 30%。

物联网在医疗行业得到广泛的应用。以远程医疗为例，通过物联网，医生在诊治患者时可跨越空间距离，实现患者远程诊治。然而，受限于 4G 网络下的传输速率等，在进行远程医疗时，时常面临画面清晰度不足、难以清楚辨别患者情况等问题，远程医疗服务发展速度缓慢，在推广时受到了较大限制。而 5G 移动通信技术与物联网的融合应用，突破了 4G 网络下的部分限制，有提高画面质量、改善信息传播延迟问题等效果，使远程医疗得到了进一步发展与推广。

5G 还需进化

元宇宙的海量实时信息交互和沉浸式体验的实现需要通信技术和计算能力的持续提升作为基础，从而实现用户对低时延感和高拟真度的体验。其中，5G 带来的传输速率提升、时延减少以及连接数提升等通信能力升级，GPU 浮点计算能力不断提升，云计算及边缘计算技术等在算力上的不断升级将推动元宇宙发展。

但现阶段，通信能力上仍待 5G 建设持续快速推进。虽然各国均在积极推动 5G 的应用发展，但目前 5G 应用创新仍然面临全球产业标准不成熟、R16 版本产品仍在研发中、行业融合技术与标准不完善、行业数字化水平较低、用户对 5G 认知不够、跨领域应用开发仍有差距等问题，产业发展任重道远。

尽管全球主要国家正在积极推进基于 R15 标准的 5G 网络向 SA

（独立组网）架构升级，但目前 SA 终端的成熟度仍然不够，网络切片、边缘计算技术方案仍需进一步完善。虽然 R15 标准已经冻结，但是移动通信技术从标准制定到设备研发、网络升级、终端生态普及及广泛应用等过程需要经历一段时间。这是技术和产业发展的基本规律，5G 技术和产业的发展也需要一个长期的过程。

与此同时，行业应用相关技术标准仍需进一步完善。一方面，5G 能力的开发与应用，需要与物联网、云计算、人工智能等技术紧密协同，软件定义、虚拟化、云化、开放化的 5G 新技术方向的引入或将带来新的安全风险。另一方面，垂直行业领域自身存在短板，高清视频、VR/AR 等支持 5G 融合应用发展的技术、生态成熟度有待提升，如 8K 编解码技术、智能驾驶算法、工业场景应用模式等问题仍待解决，典型应用场景的标准也需加快制定。

在网络方面，5G 网络覆盖率有待提升。并且，5G 融合应用的快速发展需要 5G 网络更大范围的部署。目前，SA 模式 5G 基站覆盖范围有限，基于 NSA 模式的 5G 网络对部分海量连接和低时延场景应用支撑不足。随着行业用户对 5G 网络需求的不断提升，现有网络已明显无法满足各类行业的需求，亟须持续探索网络切片、网络专网、智简网络等 5G 建设新模式，夯实 5G 应用发展基础。

在产业方面，5G 产业链仍然存在薄弱环节，射频芯片、中高频器件等通信核心环节，以及工业基础存在技术短板，需要政府和产业界共同努力和突破。

在终端方面，个人和行业终端市场都存在发展瓶颈，在促进新型信息消费和国家内循环经济发展背景下，市场上缺乏类似于 4G 时代

的抖音短视频、微信等典型应用，个人消费类终端款型虽然多，但尚未出现现象级终端。此外，用户对5G认知不够，行业数字化能力不足，适应5G特点的业务仍待开发。在深入理解5G技术、大带宽业务和行业痛点的基础上，需要共同探索解决方案，同时也需打破传统产业固有的利益分配模式，形成新的商业模式。

如果说5G技术让我们看到了元宇宙的轮廓，那么目前正在积极研发的6G技术将会带领我们真正地开启元宇宙时代。

人工智能：元宇宙的"大脑"

当前，智能工具已经成为信息社会典型的生产工具，并对信息数据等对象进行采集、传输、处理和执行。如果说过去工业社会的劳动工具解决了人的四肢的有效延伸问题，那么信息社会的劳动工具与劳动对象的结合则解决了人脑的局限性问题，是一次增强和扩展人类智力功能、解放人类智力劳动的革命。

如今，人工智能已成为新一轮科技革命和产业变革的重要驱动力量，其发挥作用的广度和深度堪比历次工业革命。人工智能是当前科技革命的制高点，以智能化的方式广泛联结各领域知识与技术，释放科技革命和产业变革积蓄的巨大能量。在元宇宙的世界里，人工智能也将出演重要角色，为元宇宙赋予智能的"大脑"以及创新的内容。

元宇宙的管理者

在人工智能成为虚拟世界的管理者之前，人工智能已经在管理现实世界方面获得了人们的认可。智慧城市就是人工智能应用场景最终落地的综合载体，随着人工智能等前沿技术的融入，城市基础设施得到了创新升级，将全方位助力城市向智慧化方向发展。

智慧，通常被认为是有着生命体征和诸多身体感知的生物（人类）才有的特点。因此，智慧城市就好像被赋予了生命的城市。事实上，城市本身就是生命不断生长的结果，而"智慧城市"则是一个不断发展的概念。

最初智慧城市被用来描绘数字城市，随着智慧城市概念的深入人心和在更宽泛的城市范畴内不断演变，人们开始意识到智慧城市实质上是通过智慧地应用信息和通信技术，以及人工智能等新兴技术手段来提供更好的生活品质，更加高效地利用各类资源，实现可持续城市发展的目标。

城市的成长始终和技术的扩张紧密相关。从过去人们想象中的城市，到人们现实所处的城市，再到由英国建筑师罗恩·赫伦提出的"行走的城市"。借助互联网、物联网、云计算以及大数据的便利，城市从静态逐渐向动态延伸。

智慧城市的技术核心是智能计算（Smart Computing），智能计算具有串联各行业的能力。例如，城市管理、教育、医疗、交通和公用事业等。而城市是所有行业交叉的载体。因而，智能计算将是智慧城市的技术源头，将影响城市运作的各方面，包括市政、建筑、交通、

能源、环境和服务等，涵盖面非常广泛。

尽管学界对于智慧城市的定义各有侧重，但在实际操作中普遍认同维也纳工业大学鲁道夫·吉芬格教授在 2007 年提出的"智慧城市六个维度"，分别是：智慧经济、智慧治理、智慧环境、智慧人力资源、智慧机动性、智慧生活。

智慧经济主要包括创新精神、创业精神、经济形象与商标、产业效率、劳动市场的灵活性、国际网络嵌入程度、科技转化能力。智慧治理主要包括决策参与、公共和社会服务、治理的透明性、政治策略与视角。智慧环境包括减少对自然环境的污染、环境保护、可持续资源管理。智慧人力资源包括受教育程度，终身学习的亲和力，社会和族裔的多元性、灵活性、创造力、开放性、公共生活参与性。智慧机动性包括本地辅助功能、（国家间）无障碍交流环境、通信技术基础设施（如可用性、可持续性、创新和安全）、交通运输系统。智慧生活（生活品质）包括文化设施、健康状况、个人安全、居住品质、教育设施、旅游吸引力、社会和谐。

这六个维度全面地涵盖了城市发展的各领域，除了涵盖城市的物质性要素以外，还将社会和人的要素纳入其中，并将高品质生活和环境的可持续性作为重要的目标。也就是说，要让城市更智慧，关键在于如何利用信息通信技术创造美好的城市生活和实现环境的可持续性，实现的途径包括提升经济、改善环境、强化完善城市治理，跟城市空间相关的是提升交通（机动性）的效率，核心问题是社会和人力资源的智能化。

正如人工智能赋予城市以"大脑"一样，当人工智能上升至元宇宙时，也需要承担元宇宙管理者的角色。显然，基于超大规模下的实时反馈，保证元宇宙的运营和内容供给效率，需要通过多技能人工智能辅助管理元宇宙系统。单纯依靠人力难以维系元宇宙这样的复杂系统，同时还要保证内容供给和运营的效率。因此，类似于游戏中的NPC角色，人工智能在未来将扮演支撑元宇宙日常运转的角色。

其中，多技能人工智能通过将计算机视觉、音频识别和自然语言处理等功能结合，以更像人类的方式收集和处理信息，从而形成一种可适应新情况的人工智能，以解决更加复杂的问题。因此，未来人工智能将承担客服、NPC等元宇宙前端服务型职责，以及信息安全审查、日常性数据维护、内容生产等后端运营型职责。并且，算力和技术的提升将保证元宇宙的运营和内容供给效率。

带来创新内容

当前，在底层算力提升和数据资源日趋丰富的背景下，人工智能对各种应用场景的赋能不断改造着各行业。对于元宇宙这样庞大的体系来说，内容的丰富度将会远超想象。并且，内容将会以实时生成、实时体验、实时反馈的方式提供给用户。对于供给效率的要求将远超人力所及，需要更加成熟的人工智能技术赋能内容生产，实现所想即所得，降低用户内容创作门槛。

元宇宙的边界在不断扩张，为了满足不断扩张的内容需求，还需要通过人工智能辅助内容生产或进行完全人工智能内容生产。只有凭

借人工智能赋能，才能够满足元宇宙不断扩张的内容需求。

事实上，无论是传统网游还是区块链游戏，游戏脚本一直以来是破坏游戏经济的最主要因素。游戏玩家通过玩的方式收获游戏资源，而游戏脚本通过自动化执行的方式产出游戏资源，降低了游戏资源的劳动价值。自动化的游戏脚本剥削了玩家劳动，而人工智能的发展将完全取代玩家在游戏中的机械劳动，甚至取代 PVP 等智力活动。

2021 年取得突破的 GPT-3 作为一种学习人类语言的大型计算机模型，拥有 1750 亿个参数，利用深度学习的算法，通过数千本书和互联网的大量文本进行训练，最终实现编写文本作品。但是，目前人工智能模型仍未达到真正理解语义和文本。因此，短期内人工智能将更多地承担辅助内容生产的工作，通过简化内容生产过程实现创作者所想即所得，降低用户的内容创作门槛。但是，随着人工智能和机器学习的进一步发展，未来有望实现完全人工智能内容生产，从而直接满足元宇宙不断扩张的优质内容需求。

数字孪生：元宇宙的雏形

从技术角度看，元宇宙的雏形其实已经诞生，那就是数字孪生。

在 2021 年初举行的计算机图形学顶级学术会议 SIGGRAPH 2021 上，知名半导体公司英伟达通过一部纪录片自曝了在 2021 年 4 月公司发布会上，英伟达 CEO 黄仁勋的演讲中数字替身完成的 14 秒片段。

尽管只有短暂的 14 秒，但黄仁勋标志性的皮衣、表情、动作和头发均为合成制作，并骗过了几乎所有人，这足以震撼业内。作为元宇宙基础之一的数字孪生技术，其高速的发展显而易见。可以说，作为对现实世界的动态模拟，"数字孪生"是元宇宙从未来伸过来的一根触角。

数字孪生的概念演进

数字时代下，数字孪生作为最重要的数字技术之一在人类社会数字化的进程中具有不可替代的重要意义，也因此频繁出现在各大峰会论坛的演讲主题之中，备受行业内外的关注。随着数字孪生概念的成熟和技术的发展，从部件到整机，从产品到产线，从生产到服务，从静态到动态，一个数字孪生世界正在不断构筑。

数字孪生这一概念诞生在美国。2002 年，密歇根大学教授迈克尔·格里夫斯在产品全生命周期管理课程上提出了"与物理产品等价的虚拟数字化表达"的概念：一个或一组特定装置的数字复制品，能够抽象表达真实装置并可以此为基础进行真实条件或模拟条件下的测试。其概念源于对装置的信息和数据进行更清晰地表达的期望，希望能够将所有的信息放在一起进行更高层次的分析。而将这种理念付诸实践的则是早于理念提出的美国国家航天局（NASA）的阿波罗项目。该项目中，NASA 需要制造两个完全一样的空间飞行器，留在

地球上的飞行器被称为"孪生体",用来反映(或做镜像)正在执行任务的空间飞行器的状态。

时下,许多业界主流公司都对数字孪生给出了自己的理解和定义,但实际上,人们对于数字孪生的认识依然是一个不断演进的过程。

从 Gartner 在 2017—2019 年对数字孪生的论述中,便可见一斑。2017 年,Gartner 对数字孪生的解释是:实物或系统的动态软件模型,在 3 ~ 5 年内,数以亿计的实物将通过数字孪生来表达。在 Gartner2017 年发布的新兴技术成熟度曲线中,数字孪生处于创新萌发期,距离成熟应用还有 5 ~ 10 年时间。

2018 年,Gartner 对数字孪生的解释是:数字孪生是现实世界实物或系统的数字化表达。随着物联网的广泛应用,数字孪生可以连接现实世界的对象,提供其状态信息,响应变化,改善运营并增加价值。

2019 年,Gartner 对数字孪生的解释变化为:数字孪生是现实生活中物体、流程或系统的数字镜像。大型系统,如发电厂或城市,也可以创建其数字孪生模型。

在数字孪生概念的成熟和完善过程中,数字孪生的应用主体也再不局限于基于物联网来洞察和提升产品的运行绩效,而是延伸到更广阔的领域,例如,工厂的数字孪生、城市的数字孪生,甚至组织的数字孪生。

横向来看,在模型维度上,从模型需求与功能的角度,一类观点认为数字孪生是三维模型,是物理实体的复制,或是虚拟样机。在数据维度上,一类观点认为数据是数字孪生的核心驱动力,侧重了数字孪生在产品全生命周期数据管理、数据分析与挖掘、数据集成与融合等方面的价值。在连接维度上，一类观点认为数字孪生是物联网平台或工业互联网平台，这些观点侧重于从物理世界到虚拟世界的感知接入、可靠传输和智能服务。在服务维度上，一类观点认为数字孪生是仿真，是虚拟验证，或是可视化。

尽管当前对数字孪生存在多种不同的认识和理解，目前尚未形成统一共识的定义，但可以确定的是，物理实体、虚拟模型、数据、连接和服务是数字孪生的核心要素。

展开来说，数字孪生就是在一个设备或系统"物理实体"的基础上，创造一个数字版的"虚拟模型"——数字孪生体。这个"虚拟模型"被创建在信息化平台上，并提供服务。值得一提的是，数字孪生体与计算机的设计图纸不同，相比于设计图纸，数字孪生体最大的特点在于，它是对实体对象的动态仿真。也就是说，数字孪生体是会"动"的。同时，数字孪生体会"动"的依据，来自实体对象的物理设计模型、传感器反馈的"数据"，以及运行的历史数据。实体对象的实时状态，还有外界环境条件，都会"连接"到数字孪生体上。

从虚实映射到全生命周期管理

正是基于数字孪生的核心要素，加之社会需求的同频，使数字孪生作为一种超越现实的概念，被视为一个或多个重要的、彼此依赖的装备系统的数字映射系统，在数字时代中热度不断攀升。而这，也成为元宇宙从未来伸过来的一根触角。

虚实映射是数字孪生的基本特征，虚实映射通过对物理实体的构建生成数字孪生模型，实现物理模型和数字孪生模型的双向映射。这对于改善对应的物理实体的性能和运行绩效具有重要作用。对于工业互联网、智能制造、智慧城市、智慧医疗等未来的智能领域来说，虚拟仿真是其必要的环节。而数字孪生虚实映射的基本特征，则为城市管理、医疗创新等领域由"重"转"轻"提供了良好路径。

以工业互联网为例，在现实世界，检修一台大型设备，需要考虑停工的损益、设备的复杂构造等问题，并安排人员进行实地排查检测。显然，这是一个"重工程"。而通过数字孪生技术，检测人员只需对"数字孪生体"进行数据反馈，即可判断现实实体设备的情况，完成排查检修的目的。

其中，美国 GE 就借助数字孪生这一概念，提出物理机械和分析技术融合的实现途径，并将数字孪生应用到旗下航空发动机的引擎、涡轮，以及核磁共振设备的生产和制造过程中，让每一台设备都拥有了一个数字化的"双胞胎"，实现了运维过程的精准监测、故障诊断、性能预测和控制优化。

在新冠肺炎疫情期间，闻名世界的雷神山医院便利用了数字孪生技术进行建造。中南建筑设计院（CSADI）临危受命，设计了武汉第二座"小汤山医院"——雷神山医院，中南建筑设计院的建筑信息建模（BIM）团队为雷神山医院创造了一个数字化的"孪生兄弟"。采用 BIM 技术建立雷神山医院的数字孪生模型，根据项目需求，利用 BIM 技术指导和验证设计，为设计建造提供了强有力的支撑。

近年的数字孪生城市的构建，更是引发城市智能化管理和服务的颠覆性创新。例如，中国河北的雄安新区就融合地下给水管、再生水管、热水管、电力通信缆线等 12 种市政管线的城市地下综合管廊数字孪生体让人惊艳；江西鹰潭"数字孪生城市"荣获巴塞罗那全球智慧城市大会全球智慧城市数字化转型奖。

此外，由于虚实映射是对实体对象的动态仿真，也就意味着数字孪生模型是一个"不断生长、不断丰富"的过程：在整个产品生命周期中，从产品的需求信息、功能信息、材料信息、使用环境信息、结构信息、装配信息、工艺信息、测试信息到维护信息，都在不断扩展、不断丰富、不断完善。

数字孪生模型越完整，就越能够逼近其对应的实体对象，从而对实体对象进行可视化、分析、优化。如果把产品全生命周期各类数字孪生模型比喻为散乱的珍珠，那么将这些珍珠串起来的链子，就是数字主线（Digital Thread）。数字主线不仅可以串起各个阶段的数字孪生模型，还包括产品全生命周期的信息，确保在发生变更时，各类产品信息的一致性。

在全生命周期领域，西门子借助数字孪生的管理工具——PLM（Product Lifecycle Management）产品生命周期管理软件将数字孪生的价值推广到多个行业，并在医药、汽车制造领域取得显著的效果。

以葛兰素史克疫苗研发及生产的实验室为例，通过数字化"双胞胎"的全面建设，最终使复杂的疫苗研发与生产过程实现了完全虚拟的全程"双胞胎"监控。企业的质量控制开支减少 13%，返工和报废率减少 25%，合规监管费用也减少了 70%。

从虚实映射到全生命周期管理，数字孪生展示了各行业的广泛应

用场景。微软作为率先进军元宇宙的互联网巨头，在对"商用元宇宙"做的详尽的技术分层中，最底层就包括了数字孪生。显然，基于多重数字技术搭建而成的数字孪生，是目前人们对元宇宙最具体的认知。

而元宇宙所构建的虚拟现实混同社会形态，从严格意义上而言更像是数字孪生与现实物理空间的混同形态，我们可以在现实与虚拟世界中任意穿梭。

第三章

打造元宇宙经济系统

　　Epic Games 的创始人、"虚幻引擎之父"Tim Sweeney 曾说道："元宇宙将比其他任何事物都更普遍和强大。如果一个中央公司控制了这一点，他们将变得比任何政府都强大，成为地球上的'神'。"元宇宙是一个巨大的平台，为了防止中心化平台的垄断，建立元宇宙的经济规则势在必行。区块链正是为元宇宙提供价值传递解决方案的重要技术。

　　经历了从单一的去中心化账本应用向着虚拟时空的价值传输层进化，区块链技术目前已经实现了一个虚拟世界价值传输的样板。凭借开源的应用生态和创新性的商业模式，区块链应用快速发展，在全球范围内掀起快速迭代的浪潮。

　　从比特币到以太坊，再到近期火热的 DeFi 和 NFT，区块链技术展示了其作为跨时空清结算平台的高效性。区块链的出现保证了虚拟资产的流转能够去中心化地独立存在，且通过代码开源保证规则公平、透明，而智能合约、DeFi 的出现将真实世界的金融行为映射到数字世界。

"区块"和"链"

区块链之技术集成

　　区块链是人类科学史上伟大的发明和技术，但大众现在所见到的区块链技术，并不是完完全全创新的技术，它其实包含了不同历史时期多个领域的研究成果。1969 年，互联网在美国诞生，此后互联网从美国的四所研究机构扩展到整个地球。在应用上从最早的军事和科研领域，扩展到人类生活的方方面面，在互联网诞生后的近 50 年中，有 5 项技术对区块链的发展有特别重大的意义。

（一）TCP/IP 协议

1974 年，美国科学家文顿·瑟夫和罗伯特·卡恩共同开发的互联网核心通信技术——TCP/IP 协议正式出台，决定了区块链在互联网技术生态的位置。这个协议实现了在不同计算机，甚至不同类型的网络间传送信息的可能性，使互联网世界形成了统一的信息传播机制。所有连接在网络上的计算机，只要遵照这个协议，都能够进行通信和交互。

TCP/IP 协议对互联网和区块链有非常重要的意义。在 1974 年 TCP/IP 协议出台之后，整个互联网在底层的硬件设备之间、中间层的网络协议和网络地址之间一直比较稳定，但在顶层（应用层）不断涌现创新应用，如新闻、电子商务、社交网络、QQ、微信，也包括区块链技术。

也就是说，区块链在互联网的技术生态中，是互联网顶层的一种新技术。它的出现、运行和发展没有影响互联网底层的基础设施和通信协议，依然是按 TCP/IP 协议运转的众多软件技术之一。

（二）思科路由器技术

1984 年思科公司发明的路由器技术，是区块链技术的模仿对象，思科公司计算机中心主任莱昂纳德·波萨克和商学院的计算机中心主任桑蒂·勒纳设计了叫做"多协议路由器"的联网设备。他们将这种设备放到互联网的通信线路中，帮助数据准确快速地从互联网的一端到达几千千米外的另一端。

整个互联网硬件层中，有几千万台路由器在繁忙工作，指挥互联网信息的传递。思科路由器的一个重要功能就是每台路由器都保存完整的互联网设备地址表，一旦发生变化，会同步到其他几千万台路由器上（理论上），确保每台路由器都能计算出最短最快的路径。对于路由器来说，即使有节点设备损坏或者被黑客攻击，也不会影响整个互联网信息的传送，这也就是区块链后来的重要特征。

（三）B/S（C/S）架构

B/S（C/S）架构分为客户端和服务器。所有更新的信息只在服务器上修改，其他客户端计算机不保留信息。只有在访问服务器时才能获得信息的数据，这种结构即互联网的 B/S 架构，也就是中心型架构。这也是目前互联网最主要的架构，包括谷歌、Facebook、腾讯、阿里巴巴、亚马逊等互联网巨头都采用了这种架构。

B/S 架构对区块链技术有重要的意义，B/S 架构的数据只存放在服务器里，其他所有计算机从服务器中获取信息。应用区块链技术的几千万台计算机是没有中心的，即去中心化的，所有数据会同步到全部的计算机里，这就是区块链技术的核心。

（四）对等网络（P2P）

对等网络（P2P）是与 C/S（B/S）对应的另一种互联网的基础架构，它的特征是彼此连接的多台计算机之间都处于对等的地位，无主从之分，一台计算机既可作为服务器，设定共享资源供网络中其他计算机所使用，又可以作为工作站。

Napster 是最早出现的对等网络系统之一，主要用于音乐资源分享，但 Napster 还不能算作真正的对等网络系统。2000 年 3 月 14 日，美国地下黑客站点 Slashdot 邮寄列表中发表一个消息，说 AOL 的 Nullsoft 部门已经发放一个开放源码的 Napster 的克隆软件 Gnutella。在 Gnutella 分布式对等网络模型中，每一个联网计算机在功能上都是对等的，既是客户端，同时又是服务器，所以 Gnutella 被称为第一个真正的对等网络架构。

区块链技术就是一种对等网络架构的软件应用，它是对等网络试图从过去的沉默到如今的爆发的标杆性应用。

（五）哈希算法

哈希算法是将任意长度的数字用哈希函数转变成固定长度数值的算法，哈希算法对整个世界的运作至关重要，从互联网应用商店、邮

件、杀毒软件到浏览器等，这些都在使用安全哈希算法。它能判断互联网用户是否下载了想要的东西，也能判断互联网用户是否是中间人攻击或网络钓鱼攻击的受害者。

比特币或其他虚拟币产生新币的过程，就是通过哈希算法进行运算，获得符合格式要求的数字，然后区块链程序给予新币作为奖励。

比特币和代币的挖矿，就是一个用哈希算法构建的数学游戏。不过因为有了激烈的竞争，世界各地的人们动用了强大的服务器进行计算以抢先获得奖励，以至于众多计算机参与到这个数学游戏中。

区块链是人类科学史上伟大的发明和技术，区块链本质上是一个去中心化的分布式数据库，能实现数据信息的分布式记录与分布式存储，它是一种把区块以链的方式组合在一起的数据结构。区块链技术使用密码学的手段产生一套记录时间先后的、不可篡改的、可信任的数据库，这套数据库采用去中心化方式存储，且能够有效保证数据的安全，能够使参与者对全网交易记录的时间顺序和当前状态建立共识。

2017 年以来，区块链概念大火，许多媒体都尝试用通俗易懂的方式让人们了解区块链是怎么一回事。通俗来讲，就是区块链将以前的一人记账的模式变成了大家一起记账的模式，让账目和交易更安全，这就是分布式数据存储。实际上，和区块链相关的技术名词除了分布式数据存储，还有去中心化、智能合约、加密算法等。

区块链由两部分组成，一个是"区块"，一个是"链"，这是从数据形态对这项技术进行描述。区块是使用密码学方法产生的数据块，数据以电子记录的形式被永久储存下来，存放这些电子记录的文件就被称为"区块"。每个区块记录了几项内容，包括神奇数、区块大小、数据区块头部信息、交易数和交易详情。

每一个区块都由块头和块身组成。块头用于链接上一个区块的地址，并且为区块链数据库的完整性提供保证；块身则包含了经过验证的、在块创建过程中发生的交易详情或其他数据记录。

区块链的数据存储通过两大特点来保证数据库的完整性和严谨性：第一，每一个区块上记录的交易是在上一个区块形成之后、该区块被创建之前发生的所有价值交换活动，这个特点保证了数据库的完整性；第二，在绝大多数情况下，一旦新区块创建完成并被加入区块链中，则此区块的数据记录就再也不能被改变或删除。这个特点保证了数据库的严谨性，使其无法被篡改。

链式结构主要依靠各区块之间的块头链接起来，块头记录了上一个区块的哈希值（通过散列函数变换的散列值）和本区块的哈希值。本区块的哈希值，又在下一个新的区块中有所记录，由此完成了所有区块的信息链。

同时，由于区块上包含了时间戳，区块链还带有时序性。时间越久远的区块后面链接的区块越多，修改该区块所要付出的代价也就越大。区块采用了密码协议，允许连接各计算机（节点）通过网络共同维护信息的共享分布式账本，而不需要节点之间的完全信任。

该机制保证，只要大多数网络按照所述管理规则发布到区块上，则存储在区块链中的信息就可被信任为可靠的。这可以确保交易数据在整个网络中被一致地复制。分布式存储机制的存在，通常意味着网络的所有节点都保存了区块链上存储的所有信息。借用一个形象的比

喻，区块链就好比地壳，越往下层，时间越久远，结构越稳定，不易发生改变。

由于区块链将从创世块以来的所有交易都明文记录在区块中，且形成的数据记录不可篡改，因此任何交易双方之间的价值交换活动都是可以被追踪和查询到的。这种完全透明的数据管理体系不仅从法律角度来看是无懈可击的，也为现有的物流追踪、操作日志记录和审计查账等提供了可信任的追踪捷径。

区块链在增加新区块的时候，有很小的概率发生"分叉"现象，即在同一时间出现两个符合要求的区块。对于"分叉"的解决方法是延长时间，等待下一个区块生成，选择长度最长的支链添加到主链。"分叉"发生的概率很小，多次分叉的概率基本可以忽略不计，"分叉"只是短暂的状态，最终的区块链必然是唯一确定的最长链。

从监管和审计的角度来看，条目可以添加到分布式账本中，但不能从中删除。运行专用软件的通信节点网络以对等方式在参与者之间复制分布式账本，执行分布式账本的维护和验证。在区块链上共享的所有信息都具有可审计的痕迹，这意味着它具有可追踪的数字"指纹"。分布式账本上的信息是普遍和持久的，其通过创建可靠的"交易云"，使数据不会丢失，所以区块链技术从根本上消除了交易对手之间的单点故障风险和数据碎片差异。

总的来说，区块链具备六大技术特征，即去中心化、开放性、自治性、匿名性、可编程和可追溯。正是这六大技术特征使区块链具备了革命性、颠覆性技术的特质。

去中心化：由于使用分布式核算和存储技术，不存在中心化的硬件或管理机构，任意节点的权利和义务都是均等的。系统中的数据块由整个系统中具有维护功能的节点来共同维护，任一节点停止工作都不会影响系统整体的运作。

开放性：系统是开放的，除了交易各方的私有信息被加密外，区块链的数据对所有人公开，任何人都可以通过公开的接口查询区块链数据和开发相关应用。

自治性：区块链采用基于协商一致的规范和协议，使整个系统中的所有节点能够在去信任的环境里自由安全地交换数据，使对"人"的信任改成了对机器和技术的信任。

匿名性：由于节点之间的交换遵循固定的算法，其数据交互无须以信任为背书，因此交易双方无须公开身份。

可编程：分布式账本的数字性质意味着区块链交易可以关联计算逻辑，并且本质上是可编程的。因此，用户可以设置自动触发节点之间交易的算法和规则。

可追溯：区块链通过区块数据结构存储了创世区块后的所有历史数据，区块链上的任意一条数据皆可通过链式结构追溯其本源。

区块链的信息通过共识并添加至区块链后，就被所有节点共同记录，并通过密码学保证前后互相关联，篡改的难度与成本非常高。事实上，区块链看似是生产力，但其作为去中心化的自组织更具有新兴生产关系的特点。

从比特币到智能合约

从区块链 1.0 到区块链 3.0，区块链已经进入大航海时代。最初的区块链仅仅指比特币的总账记录，这些账目记录了自 2009 年比特币网络运行以来所产生的所有交易。从应用角度来看，区块链就是一本安全的全球总账本，所有可数字化的交易都通过这个总账本来记录。

2008 年 10 月 31 日，比特币创始人中本聪（化名）在密码学邮件组发表了一篇论文——《比特币：一种点对点的电子现金系统》。在这篇论文中，中本聪声称发明了一套新的不受政府或机构控制的电子货币系统，明确了比特币的模式，并表明去中心化、不可增发、无限分割是比特币的基本特点，区块链技术是支持比特币运行的基础。

2009 年 1 月，中本聪在 SourceForge 网站发布了区块链的应用案例——比特币系统的开源软件，他通过"挖矿"得到了 50 枚比特币，产生第一批比特币的区块链就叫"创世块"。一周后，中本聪送了 10 个比特币给密码学专家哈尔·芬尼，这也成为比特币史上的第一笔交易。从此，比特币狂潮一发不可收拾。

2010 年 2 月 6 日第一个比特币交易所诞生，5 月 22 日有人用 10000 个比特币购买了两个披萨。2010 年 7 月 17 日著名的比特币交易所 Mt.gox 成立，这标志着比特币真正进入了市场。尽管如此，能够了解比特币，从而进入市场参与比特币买卖的主要还是狂热于互联网技术的极客们。他们在论坛上讨论比特币技术，在自己的计算机上挖矿获得比特币，在 Mt.gox 上买卖比特币。

在比特币网络中，多方维护同一个区块链账本，通过"挖矿"（也就是计算随机数的方法）确定记账权，从而实现账本的去中心化、安全性和不可篡改。通过"挖矿"奖励的经济学激励设计，矿工会自愿购买矿机并提供算力从而维护整个交易网络，保证系统的安全性。

比特币经过十多年的时间验证，其价值储存功能已经被部分海外市场机构和政府所接受。目前比特币的流通市值已达 9300 亿美元左右，系统算力在 180EH/S 左右（一秒进行 1.8×10^{20} 次哈希计算）。经过多年的运行，比特币从未出现严重的安全性问题，已被越来越多的人接受其资产属性，虽无法承担法定货币的流通职能，但在部分持币人之间充当着一般等价物，这种转账并不基于任何中心化的账户体系。

比特币的成功证明了去中心化的价值流转可以有效实现。在比特币成功的基础上，以太坊借鉴其模式并进行了升级，支持更复杂的程序逻辑，诞生了智能合约，使区块链从去中心化账本的 1.0 时代迈向去中心化计算平台的 2.0 时代。

2013 年年末，维塔利克创立了以太坊（Ethereum），最早的数字代币生态系统自此诞生。以太坊是一个基于区块链的智能合约平台，是区块链上的"安卓系统"。任何人都可以使用以太坊的服务，在以太坊系统上开发应用。现在，在以太坊改造后的地基上，已经有诸多应用大厦被搭建起来。

以太坊的设计目标就是打造区块链 2.0 生态，这是一个具备图灵完备脚本的公共区块链平台，被称为"世界计算机"。除进行价值传递外，开发者还能够在以太坊上创建任意的智能合约。以太坊通过智

能合约的方式，拓展了区块链商用渠道。例如，众多区块链项目的代币发行、智能合约的开发，以及去中心化 DAPP（分布式应用）的开发。

以太坊通过智能合约和虚拟机实现了去中心化通用计算，以太坊开发者可以自由地构建去中心化应用，自由地创建、部署合约。以太坊矿工在挖矿的同时，需要通过虚拟机执行合约程序，并由新的数据状态产生新的区块。其他节点在验证区块链的同时需要验证合约是否正确执行，从而保证计算结果的可信。

以太坊中的智能合约是一种预设指令，总是以预期的方式运行。智能合约概念于 1995 年由 NickSzabo 首次提出，智能合约允许在没有第三方的情况下进行可信交易，这些交易可追踪且不可逆转。以太坊上的智能合约公开透明且可以相互调用，保障了生态的开放透明，通过开源实现信任。但如果程序漏洞先被黑客发现和使用，也会造成资产上的损失。

简言之，以太坊通过搭载智能合约，将 A 与 B 之间的某种约定以 "If-else" 的表述写入程序中，并让全网见证这一约定，到期自动执行，避免了传统意义上中心化见证、担保等行为带来的额外摩擦成本。当前，以太坊的生态热度不断提高，平均每日新增部署 250 个合约，日均 16 万次合约调用，并且保持着增长趋势。

而基于区块链智能合约的去中心化应用 DApp，主要集中于金融、游戏、博彩、社交领域，用户数量与资产量在稳步增长。DApp 通过链上智能合约实现了关键逻辑的去中心化执行，从而解决某些场景的信任问题，如金融应用中的信用传递、游戏应用中的关键数值等。与传统网络应用不同，DApp 无须注册，使用去中心化的地址即可确定用户信息。

DeFi（Decentralized Finance，去中心化金融）是最为活跃的DApp，通过智能合约代替金融契约，提供了一系列去中心化的金融应用。用户可以通过 DeFi 实现虚拟资产的相关金融操作，运用 DeFi 对虚拟资产进行资本配置。

DeFi 通过将金融契约程序化，在区块链上复现了一套金融系统。DeFi 上的应用可以粗略分为稳定币、借贷、交易所、衍生品、基金管理、彩票、支付、保险。现实中很多 DeFi 的功能远超上述八类，主要源于其可以像"乐高积木"一样互相组合，又被称为 MoneyLego。

DeFi 高效、透明、无门槛且可以自由组合，这些特点使 DeFi 生态快速发展和繁荣，被更多用户接受和使用。任何用户都可以访问并使用 DeFi，Fabian Schar 发表在美联储圣路易斯联储官网的研究报告认为："DeFi 可以提高金融基础设施的效率、透明度和可及性。此外，该系统的可组合性允许任何人将多个应用程序和协议组合起来，从而创建新的、令人兴奋的服务。"

DeFi 对于元宇宙意义深远，高效可靠的金融系统能够加速元宇宙的构建。用户对自有链上资产的各项金融活动完全掌控，所有人的金融操作不受地理、经济水平和信任的限制。通过智能合约，能够实现自动自主执行，规避黑箱操作。DeFi 与 NFT 结合能够拓展到元宇宙的内容、知识产权、记录和身份证明、金融文件等，能够创造一个容纳更多样化资产、更复杂交易的透明自主的金融体系，能够支持元宇宙文明的构建。

也可以说，区块链是互联网大数据技术演变的必然产物，不断增

加的用户，以及不断扩大的数据就必然会对信息安全提出更高的要求。可以预见，在元宇宙时代，当前的区块链技术也将会获得进一步升级，以满足用户对信息安全的更高要求。

NFT，推动区块链进入元宇宙

当然，区块链只是一种底层技术，是分布式数据存储、点对点传输、共识机制、加密算法等计算机技术的新型应用模式。区块链就像大家的手机，而比特币只是其中的一个 App，它还可能有更多的应用。目前，区块链技术正向着构建产业生态级底层架构、攻克各层级技术难点、实现商用级高性能应用的方向发展。当区块链能够实现商业应用之后，便进入了区块链 3.0 时代。

毋庸置疑，元宇宙将成为区块链 3.0 时代的最大应用。其中，NFT 的出现，实现了虚拟物品的资产化，成为了区块链进入元宇宙时代的先声。

为数字物品确定归属

NFT 即非同质化代币。NFT 的诞生基于 2017 年以太坊中一个叫做 CryptoPunks 的像素头像项目，这些像素头像总量上限为 1 万个。任意两个像素头像都不相同，拥有以太坊钱包的人当时可以免费领取 CryptoPunks 的像素头像，且可以将自己拥有的像素头像投入二级市场交易。

要知道，现实世界和虚拟世界中的大部分资产都是非同质化的。因此，作为一种非同质化资产，NFT 让艺术品、收藏品甚至房地产等事物得以标记化。它们一次只能拥有一个正式所有者，并且他们受到区块链的保护，没有人可以修改所有权记录或复制／粘贴新的 NFT。换言之，NFT 可以低成本为虚拟世界中的数字物品确定归属权，从而为元宇宙的经济活动奠定基础。

NFT 能够映射虚拟物品，成为虚拟物品的交易实体，从而使虚拟物品资产化。可以把任意的数据内容通过链接进行链上映射，使 NFT 成为数据内容的资产性"实体"，从而实现数据内容的价值流转。通过映射数字资产，装备、装饰、土地产权都将成为可交易的实体。

也就是说，NFT 可以成为元宇宙权利的"实体"，让人类在区块链的世界里创造一个真正的平行宇宙。如同实体钥匙一般，程序能够通过识别 NFT 来确认用户的权限，NFT 也成为了信息世界确权的令牌。

这将实现虚拟世界权利的去中心化转移，无须第三方登记机构就可以进行虚拟产权的交易。NFT 提供的解决思路本质上是提供了一种数据化的"钥匙"，可以方便地进行转移和行权。并且，一系列相应权限可以存在于中心化服务或中心化数据库之外。这就大大增强了数据资产交易、流转的效率，且流转过程完全不需要第三方参与。

在收藏领域，NFT 带来的数字稀缺性非常适合收藏品或资产，其价值取决于供应有限。一些最早的 NFT 用例包括 Crypto Kitties 和 Crypto Punks。其中，像 Covid Alien 这样的单个 Crypto Punk NFT 售价就为 1175 万美元。2021 年，流行品牌（如 NBA TopShot）还在创建基于 NFT 的收藏品，这些 NFT 包含来自 NBA 比赛的视频精彩瞬间，而不是静态图像。

在艺术品领域，NFT 使艺术家能够以作品原本的形式出售他们的作品，而不必印刷和出售艺术品。此外，与实体艺术不同，艺术家可以通过二次销售或拍卖获得收入，从而确保他们的原创作品在后续交易中得到认可。致力于基于艺术的 NFT 市场，如 Nifty Gateway 7，在 2021 年 3 月销售 / 拍卖了超过 1 亿美元的数字艺术。

在游戏领域，由于 NFT 引入的所有权机制，NFT 也为游戏提供了重要的机会。虽然人们在数字游戏资产上花费了数十亿美元，如在堡垒之夜中购买皮肤或服装，但消费者不一定拥有这些资产。NFT 将允许基于加密游戏的玩家拥有资产，在游戏中赚取资产，将它们转移到游戏之外，并在其他地方（如开放市场）出售资产。

在虚拟世界 Cryptovoxels 中，持有某个地块的 NFT 便拥有权利，可以对这个地块的限定空间进行开发、改造、布置和出租。系统的服务器中并没有记录用户的权限信息，而是记录着相应的 NFT 权限信息。Cryptovoxels 中地块的 NFT 可以看作是一种高级形态的地契，它的流转执行并不需要中间登记机构，拥有权和改造权通过链上通证进行转移，拥有该 NFT 的用户可以直接获得相应权限。

NFT 的出现还将改变虚拟创作的商业模式，虚拟商品从服务变成交易实体。在传统模式下，像游戏装备和游戏皮肤等虚拟商品，其本质是一种服务而非资产，既不限量，生产成本也趋于零。运营者通常将游戏物品作为服务内容销售给用户，而不是资产，创作平台也是如此，用户使用他人的作品时需要支付指定的费用。NFT 的存在改变了传统虚拟商品的交易模式，用户创作者可以直接生产虚拟商品，交易虚拟商品，就如同在现实世界一般。NFT 可以脱离游戏平台，用户之间也可以自由交易相关的 NFT 资产。

元宇宙中的权利 NFT 资产化能够促进权益的流转和交易。这种特点可以让元宇宙中的任何权利轻松实现金融化，如访问权、查看权、审批权、建设权等，方便这些权利的流转、租用和交易。

2021 年：NFT 元年

2021 年是属于 NFT 的一年。2021 年以来，全球 NFT 艺术品、体育和游戏市场交易量节节攀升。投机者和加密货币的爱好者蜂拥而至购买这种新型资产，这种资产代表了数字艺术、交易卡等在线物品的所有权。根据 Coin Gecko 的数据，2021 年上半年 NFT 整体市值达 127 亿美元，相较 2018 年增长近 310 倍。根据 Non Fungible 的数据，2021 年第二季度 NFT 交易规模达 7.54 亿美元，同比增长 3453%，环比增长 39%，交易量实现爆发式增长。

2021 年 3 月 11 日，《Everydays：The First 5000 Days》以接近 7 千万美元（69346250 美元）的价格结标。《Everydays：The First

5000 Days》的作者为美国数字艺术家暨图像设计师 Beeple，Beeple 从 2007 年 5 月 1 日开始，每天都会创作一幅数字图片，不间断地维系了 13 年半，将它们集结之后产出《Everydays：The First 5000 Days》。

得标者将会收到《Everydays：The First 5000 Days》图片以及一枚 NFT，该 NFT 基于区块链技术，存放了数字作品的元资料、原作者的签章以及所有权的历史记录。而且，它是独一无二的，佳士得将把代表《Everydays：The First 5000 Days》所有权的 NFT 寄到得标者的加密货币账号。

2021 年 8 月 27 日，NBA 球星斯蒂芬·库里（Stephen Curry）在推特更新了自己的头像（一个穿着粗花西装的 BAYC NFT），购买该头像共花费 18 万美元（55 个以太币，约 116 万元人民币），引发了市场进一步的关注。BAYC 的全称是 Bored Ape Yacht Club，是由 10000 个猿猴 NFT 组成的收藏品，包括帽子、眼睛、神态、服装、背景等 170 个稀有度不同的属性。通过编程方式随机组合生成了 10000 个独一无二的猿猴，每个猿猴的表情、神态和穿着都不同。

NFT 的火热也引起资本市场的竞相追逐。其中，OpenSea 利用自己 NFT 用户多、NFT 资产种类多等优势快速统治了 NFT 交易所的市场份额。2021 年 8 月，OpenSea 的 NFT 交易金额超过 10 亿美元，占全球 NFT 交易规模的 98.3%。作为对比，OpenSea 2020 年全年的交易额不足 2000 万美元。

一方面，NFT 交易额的爆发来自供给端内容的快速丰富。NFT 项目的数量快速增加，2021 年 8 月总交易量超过 1 以太币的 NFT

项目达 2776 个，较年初不足 700 个 NFT 的项目总量已经增长 3 倍以上。以游戏场景为代表的 Axie Infinity 和以社交场景为代表的 CrvptoPunks、Bored Ape Yacht Club 的使用人数快速提升。2021 年 8 月 28 日，Axie lnfinity 在推特上称其安卓版本日活用户数达 101 万人（首次突破 100 万人），其中，Axie Infinity Windows 版本日活用户数超 38 万人，Mac 版本日活用户数约为 2.3 万人，iOS 版本日活用户数约为 1.5 万人。

另一方面，OpenSea 的统治地位来自 NFT 平台简易的入驻方式以及相较竞争对手而言更低的费用。OpenSea 对创作者的入驻方式未设限制，创作者可以简单地在 OpenSea 上申请账号并发布自己创作的 NFT 产品，入门门槛低，而 OpenSea 的竞争对手均需要申请或定向邀请，用户才能参与发布 NFT 产品或交易。

OpenSea 的手续费为 2.5%，尽管较常规的加密货市交易手续费明显更高，但相较于其他 NFT 交易平台的可能达 10% 或 15% 的交易手续费，OpenSea 的交易手续费维持在行业最低的水平，且 OpenSea 对创作者版税收取的费用也更低。另外，为了确保创作者的唯一性，OpenSea 无法将版税分配到多个地址，所以接收版税的地址只能为最初创作者申请的地址。NFT 创建者无法将其部分版税通过 OpenSea 直接用于其他目的。

NFT 是区块链和元宇宙发展的产物。未来，将有更多的资本和巨头布局 NFT 市场，NFT 的追逐之战即将拉开序幕。

解决元宇宙的关键问题

区块链是连接元宇宙概念的重要技术。区块链基于自身的技术特性，天然适配元宇宙的关键应用场景。区块链是一种将不断产生的信息区块以时间顺序相连而成的一种可追溯的链式数据结构，是一种以密码学方式保证数据不可篡改、不可伪造的分布式账本。区块链借助自身特性可以应用于数字资产、内容平台、游戏平台、共享经济与社交平台。可以说，区块链技术是连接元宇宙底层与上层的桥梁。

虚拟资产与虚拟身份

用户在传统互联网平台中的虚拟资产和虚拟身份的诸多问题，都是阻碍元宇宙的到来与发展的因素。例如，传统互联网虚拟资产的解释权往往归属于平台机构，其资产属性并不明确；虚拟世界的经济系统完全依赖运营者的运营水平，难以做到自发调整与平衡；用户的身份信息以及衍生的相关数据被完全掌握在平台机构手中，缺乏隐私性。

而区块链通过去中心化的权益记录，保障了用户的虚拟资产权益不被平台机构所掌控。这种权益记录方式使虚拟资产近似于真实世界的资产，用户可以随意地处置、流通、交易，不受中心化机构的限制。

基于区块链而发展成熟的 DeFi 生态，能够为元宇宙提供一套高效的金融系统。在虚拟资产的抵押借贷、证券化、保险等方面，DeFi生态用户提供低成本、低门槛、高效率的金融服务。用户的虚拟资产如同现实资产一般，享受金融服务，从而进一步强化了虚拟物品的资产属性。通过稳定的虚拟产权和丰富的金融生态，元宇宙经济系统将具备的调节功能，用户劳动创作的虚拟价值将会由市场决定。

对于传统的虚拟资产难以跨平台流通的情况，区块链则可以降低虚拟资产在多个平台流动的难度。虚拟资产（如传统的游戏资产）记录在运营机构的数据库内，虚拟资产的跨平台转移需要多方数据互信，成本高且难以实现。通过NFT记录虚拟资产的归属信息，并在区块链去中心化网络中以点对点的方式进行NFT交易，本质上是因为这些项目采用了区块链平台进行资产的清结算，减少了信任风险，提高了清结算效率。

区块链技术使用户控制自己身份数据的愿景终于找到了技术突破口，W3C提出了基于区块链的分布式数字身份的概念，分布式数字身份具有安全性、身份自主可控、身份可移植性等特点。基于分布式数字身份，社交网络应用的作用是提供服务，而无法进行社交数据的垄断。人与人之间的网络社交链接发生在数据层面，而非应用层面。这种模式也能够有效地促进新社交应用的诞生，以适应元宇宙复杂多样的社交场景。

制衡中心化平台的不正当行为

中心化平台可以凭借多种优势损害用户利益。在互联网时代，中心化平台常常凭借自身的流量优势、规则的非对称优势，在某种程度上剥削平台用户，依靠互联网应用服务中规则的隐蔽性，通过循序渐进的调整以满足自身利益，让总体利润向平台方倾斜，如所谓的"大数据杀熟"。

从互联网时代到元宇宙时代，元宇宙作为承载人类虚拟活动的大型平台，在流量上具备自然垄断性。以中心化平台为主导的元宇宙商业模式必然导致更大规模的垄断和控制，这是一种比互联网垄断更难以接受的结果，也不利于元宇宙的长期发展。因此，寻求"去中心化、安全、效率"这三个重要因素的平衡成为防止元宇宙垄断的关键。

区块链正是解决这一问题的关键。区块链的结构本质上是一个按照时间顺序串联起来的事件链，创世块以后的所有交易都记录在区块中。交易记录等账目信息会被打包成一个个的区块并进行加密，同时盖上时间戳，所有区块按时间戳顺序连接成一个总账本。

区块链使用了协议规定的密码机制进行认证，保证不会被篡改和伪造，因此任何交易双方之间的价值交换活动都可以被追踪和查询。如果有人想要在区块链中修改"账本记录"，需要把整个链条上的加密数据进行破解和修改。其难度之大，是由区块链的结构所决定的。

另一个保证安全的因素就是区块链采用了分布式数据存储的方式。也就是说，即使篡改者破解和修改了一个节点上的信息，也没有什么用，只有同时修改网络上超过半数的系统节点数据才能真正地篡改数据。这种篡改的代价极高，几乎不可能完成，这也就保证了区块链的安全性。

区块链构建了一整套协议机制，让全网每一个节点在参与记录的同时还能验证其他节点记录结果的正确性。只有当全网大部分节点（甚至所有节点）都同时认为这个记录正确时，或者所有参与记录的节点都进行结果比对并一致通过后，记录的真实性才能得到全网认可，记录数据才允许被写入区块中。

区块链技术采用分布式数据存储的方式来解决账目的容灾问题，同时建立了一种个体之间的对等关系（P2P），形成去中心化的数据系统。这个系统没有中心机构，所有节点的权利和义务都一样，任一节点停止工作都不会影响整体的运行。所以，分布式存储的一个优势就是"去中心化"。

可以说，区块链技术天然提供了制衡中心化平台的可能：用户资产与用户信息可以不记录在内容平台上，而是加密记录在区块链底层平台。在这种模式下，内容平台无法垄断用户的信息，不具备用户虚拟权益的解释权，而是单纯地提供平台的服务功能。

此外，智能合约具有永久运行、数据透明、不可篡改的技术特点。首先，支撑区块链网络的节点往往达到数百个甚至上千个，部分节点的失效并不会导致智能合约的停止，其可靠性理论上接近于永久运行，这样就保证了智能合约能像纸质合同一样每时每刻都有效。其次，区块链上所有的数据都是公开透明的，因此智能合约的数据处理也是公开透明的，运行时任何一方都可以查看其代码和数据。最后，区块链本身的所有数据不可篡改，因此部署在区块链上的智能合约代

码以及运行产生的数据也是不可篡改的，运行智能合约的节点不必担心其他节点恶意修改代码与数据。

智能合约的最大作用就是自动化执行相关程序流程，减少人员参与的环节，提高效率。通过智能合约，区块链将真正实现平台规则的去中心化运行。

区块链之未完成

区块链技术在搭建元宇宙经济系统上有巨大的应用价值。木桶效应表明，决定木桶能装多少水取决于它最短的木板有多长。所以，使区块链技术发展受制约的因素在于其发展中出现的一些问题。这些问题影响区块链的落地，也是区块链现阶段发展面临的挑战。

第一，随着区块链的发展，节点存储的区块链数据体积会越来越大，其存储和计算的负担越来越重，这会给区块链核心客户端的运行带来很大困难。虽然轻量级节点可部分解决此问题，但适用于更大规模的工业级解决方案仍有待研发。

第二，区块链的应用效率较低。比特币的一次交易需要六次确认，每次确认要十分钟左右，全网确认需要一小时左右才能完成。这样的效率就不适合高性能（毫秒）的金融交易事务，如股票交易。随着区块链技术的发展，可以通过一定的方法解决效率问题。例如，联盟链和私有链，通过减少节点及优化算法，可以在很大程度上改善区块链的交易性能。同时，在类似 DPoS 或 PBFT 的共识机制下，区块链上的交易确认很迅速，交易吞吐量也能满足预期的交易规模，以及绝大多数的业务需求。

第三，区块链的去中心化并不完全可靠。区块链的特点是去中心化，而去中心化的前提是默认交易双方的信用都没有问题。但是，在实际的交易中，这一前提并不能得到完全保证。而且，如果某一方信用存在问题，交易是无法及时撤销的，这一漏洞将会导致严重的社会经济秩序问题。

相对而言，传统的中心服务，有一个中心组织作为业务主体，在出现安全问题时，业务主体只需要发布相应的安全补丁，就可以提高业务的整体安全性。而区块链建立在"协商一致"的基础上。理论上，除非所有参与者协商一致，否则就没有办法解决安全问题。在区块链 2.0 中，自我商定的"智能合同"的出现更加剧了这种风险。一些"共识"直接掩盖了后续的安全隐患，还有一些甚至没有修改机制的"智能合同"。因此，有必要建立严格的问责机制和监管制度，以保证交易的安全性和合法性。在目前的情况下，建立和实施完整的机制必将花费很长的时间。

第四，区块链的隐私处理需要平衡。在区块链公有链中，每一个参与者都能够获得完整的数据备份，所有交易数据都是公开和透明的。这是区块链的一个优点，但也是缺点。比特币对隐私保护的解决思路是，通过隔断交易地址和地址持有人真实身份的关联以达到匿名效果。但是，交易本身是公开的，所有人都可以在系统中访问交易信

息，而这在医疗、金融等行业中是不被允许的。

在联盟链中，除了对算法做处理外，还有其他一些特别的隐私数据保护方法。如 Enigma 系统将数据分解成碎片，然后使用一些巧妙的数学方法对这些数据进行掩盖。需要注意的是，隐私处理会影响一定的交易性能，两者还需要平衡。

元宇宙的终极目标是构建一个独立于现实世界又与现实世界相连接的生态体系。因此，一个健全而又透明的货币体系将是确保这个生态体系可以运转下去的前提条件。尽管区块链构建的信任体系将成为元宇宙的基础设施，是元宇宙经济系统的基础，但就目前来看，这条走向元宇宙的路依然漫长。正如之前所讲到的，在真正的元宇宙时代，我们所应用的区块链技术一定不是今天所看到的技术形式，一定会有更优化的升级技术，只是目前尚不明确会是怎样的技术。

第四章

虚拟技术铺垫
关键路径

随着信息技术革命的发展，人类追求的"再造一个世界"的计划也不断取得重大进展，人们以存在哲学为理论基础，发展虚拟世界的理论、技术和伦理。如今，图形学、多媒体、人机交互技术、脑科学的发展给虚拟世界的降临铺平了道路。以 VR、AR、MR 为代表的虚拟技术，正推动人类世界向元宇宙跃进。

XR 正在进化

由 VR/AR/MR 构成的 XR，即扩展现实（Extended Reality），不仅覆盖了完全现实和完全虚幻，更能让这些技术统称为一个内容范围，成为元宇宙发展中非常重要而又富有前景的一个组成部分。

虚拟技术的集成

虚拟技术是对诸多技术的囊括，是利用计算机的软硬件及各种传感器（如高性能计算机、图形生成系统、特制服装、特制手套、特制眼镜等）生成一种逼真的三维模拟环境，并通过多种专用设备使用户"投入"该环境中，实现用户与该环境直接进行自然、简捷交互的技术。

虚拟技术可以让用户利用人的自然技能对虚拟世界的物体或对象

进行考察或操作，同时提供视觉、听觉、触觉等各种直观而又自然的实时感知。不论是 VR、AR，还是 MR，作为虚拟技术的分支，都离不开三大技术群的支持，即立体显示技术、3D 建模技术和自然交互技术。

（一）立体显示技术

立体显示技术以人眼的立体视觉原理为依据。因此，研究人眼的立体视觉机制、掌握立体视觉的规律，对设计立体显示系统是十分必要的。如果想在虚拟世界看到立体的效果，就需要知道人眼立体视觉产生的原理，然后再用一定的技术通过显示设备还原立体效果。

立体显示技术又可细分为 HMD（头戴显示）技术、全息投影技术及光场成像技术。HMD 技术的基本原理是让影像透过棱镜反射之后，进入人的双眼并在视网膜成像，营造在超短距离看超大屏幕的效果，而且具备足够高的解析度。

全息投影技术可以分为投射全息投影和反射全息投影两种，是全息摄影技术的逆向展示。和传统立体显示技术利用双眼视差的原理不同，全息投影技术可以将光线投射在空气或者特殊的介质（如玻璃、全息膜）上并呈现 3D 影像。人们可以从任何角度观看影像，得到与现实世界中完全相同的视觉效果。目前，我们看到的各类表演中所使用的全息投影技术都需要用到全息膜或玻璃等特殊的介质，需要提前在舞台上做各种精密的光学布置。这类表演的效果绚丽无比，但成本高昂、操作复杂，需要操作人员进行过专业训练。

从某种意义上来说，光场成像技术可以算作"准全息投影"技术。其原理是利用螺旋状振动的光纤形成图像，并直接让光线从光纤投射到人的视网膜。

简单来说，就是用光纤向视网膜直接投射整个数字光场（Digital Light Field），产生所谓的"电影级现实"（Cinematic Reality）。

（二）3D 建模技术

3D 建模主要通过 3D 软件、3D 扫描和光场捕捉等方式实现。

其中，3D 软件建模就是通过各种三维设计软件在虚拟的三维空间构建具有三维数据的模型。这个模型又被称作 3D 模型，可以通过 3D 渲染技术以二维平面图像呈现，或通过计算机模拟，或通过 3D 打印设备构建。

在构建虚拟现实世界时，除了使用常规的 3D 建模技术和实景拍摄技术之外，我们还可以使用 3D 扫描技术将真实的环境、人物和物体进行快速建模，将实物的立体信息转化成计算机可以直接处理的数字模型。3D 扫描仪是利用 3D 扫描技术将真实世界的物体或环境快速建立数字模型的工具。3D 扫描仪，通常可以分为两大类：接触式 3D 扫描仪和非接触式 3D 扫描仪。

光场捕捉建模技术最早应用于 Ren Ng 创办的 Lytro，它通过在单个传感器前放置微透镜阵列实现多个视角下画面的采集，但这种方案会导致分辨率大大降低。近几年，还有一种方案被 Facebook Reality Labs、微软 MR 工作室、上海叠境、深圳普罗米修斯和微美全息等公司采用——使用多相机阵列和深度相机组成的内环抓拍系统，并对对象进行全方位拍摄，通过高速处理 AI 算法和动态融合系统实时合成对象的立体模型。

（三）自然交互技术

虚拟现实要实现完美的沉浸感，离不开自然交互技术的支撑，动作捕捉（动捕）、眼动追踪、语音交互、触觉交互等技术发挥了重要作用。

显然，为了实现与虚拟现实世界中的场景和人物的自然交互，我们需要捕捉人体的基本动作，包括手势、表情和身体运动等。实现手势识别、动捕的主流技术分为两大类，一类是光学动捕，一类是非光学动捕。光学动捕技术包括主动光学动捕和被动光学动捕，而非光学动捕技术包括惯性动捕、机械动捕、电磁动捕和超声波动捕。

眼动追踪即使用摄像头捕捉人眼或脸部的图像，然后用算法实现对人脸和人眼的检测、定位与跟踪，从而估算用户的视线变化。目前，我们主要使用光谱成像和红外光谱成像两种图像处理方法，前一种需要捕捉虹膜和巩膜之间的轮廓，后一种则需要跟踪瞳孔的轮廓。

在和现实世界交互的时候，除了眼神、表情和动作交互外，还有语音交互。一个完整的语音交互系统包括对语音的识别和对语义的理解两大部分，不过人们通常用"语音识别"一词来概括。语音识别包含特征提取、模式匹配和模型训练三方面，涉及的领域包括信号处理、模式识别、声学、听觉心理学、人工智能等。

触觉交互技术又被称作"力反馈"技术，在游戏行业和虚拟训练中一直存在相关的应用。具体来说，它会通过向用户施加某种力、震动等，让用户产生更加真实的沉浸感。触觉交互技术可实现在虚拟世界中创造和控制虚拟物体，例如，甚至模拟训练外科实习生进行手术。

简而言之，虚拟技术直接将我们自身投入虚拟的三维空间中，与交互环境融为一体。在虚拟世界中，我们可以自由地运动、观看风景，就和在真实世界一样，我们拥有足够的自主性。

VR/AR/MR

扩展现实分为多个层次，可以从通过有限传感器输入的虚拟世界到完全沉浸式的虚拟世界，也可以从通过辅助设备叠加得到的混合世界到可以完全裸眼感知的混合世界，扩展现实技术使真实世界的物理对象和虚拟世界的数字对象共存并相互作用，最终实现完美的融合效果。

VR：VR 是仿真技术的一个重要方向，是仿真技术与计算机图形学、人机接口技术、多媒体技术、传感技术、网络技术等多种技术的集合，是富有挑战性的交叉技术的前沿学科和重点研究领域。VR 主要包括模拟环境、感知、自然技能和传感设备等方向。VR 技术具有三大特征，分别是沉浸感（Immersion）、交互性（Interaction）和构想性（Imagination）。

　　AR：AR 是一种能将真实世界信息和虚拟世界信息"无缝"融合的新技术，能够把原本在现实世界的一定时间空间范围内很难体验到的感官体验（视觉、听觉、味觉、触觉等），通过计算机等科学技术模拟仿真后叠加应用到真实世界中，被人类感官所感知，从而达到超越现实的感官体验。AR 主要包含多媒体、三维建模、实时视频显示及控制、多传感器融合、实时跟踪及注册、场景融合等技术与手段。AR 技术具有三大特征，分别是真实世界和虚拟世界的信息集成、实时交互性，以及能够在三维空间中增添定位虚拟物体。

　　MR：MR 是虚拟现实技术的进一步发展，该技术通过在现实场景呈现虚拟场景信息，在现实世界、虚拟世界和用户之间搭起一个交互反馈的信息回路，以增强用户体验的真实感。MR 包括增强现实和虚拟现实，指的是合并现实世界和虚拟世界而产生的新的可视化环境。MR 可以将虚拟物体置于真实世界中。用户可以看到真实世界，也可以看到虚拟物体，还可以与这些虚拟物体进行互动。

虚拟现实，走向市场

　　互联网和社交平台既不能将虚拟世界准确地投射到现实世界，也不能赋予人类在虚拟世界中的深度体验感。VR 则从技术上解决了这些问题。VR 作为一种能够使人以沉浸的方式进入和体验人为创造的

虚拟世界的计算机仿真技术，能完全创造出一个生动的虚拟世界。

当前，VR 技术日趋成熟，进入稳定生产阶段。同时，基于 VR 的应用和设备已经开始出现在教育、传媒、娱乐、医疗、遗产保护等诸多领域。在经历了概念期、低潮期，VR 再次进入发展期。现在，VR 产品已经比以往的任何时候都更加谨慎，却也更加成功。

VR 市场再爆发

VR 概念由来已久，早在 20 世纪 60 年代就已开始萌芽。最早的 VR 技术甚至可以追溯到 1956 年的 Sensorama，它集成了 3D 显示器、气味发生器、立体声音响及振动座椅，内置 6 部短片供人欣赏，然而巨大的体积使它无法成为商用娱乐设施。

1989 年美国 Jaron Lanier 正式提出 VR 概念。在 1980—1990 年，NASA 先后推出了实验性头盔、耳机、手套等 VR 初级设备。其中，NASA 在 1985 年研发了一款 LCD 光学头戴显示器，能够在小型化、轻量化的前提下提供沉浸式体验，其设计与结构后来也被广泛推广与采用。当然，由于受制于当时的芯片技术和加工工艺，需要采用昂贵的专业设备实现，因此无法面向民用市场普及，主要应用于军事训练、飞机制造、航空航天等专业领域。

在游戏、娱乐领域，一些著名公司也曾尝试采用 VR 技术研发相关产品。1993 年，游戏厂商世嘉曾计划为游戏机开发一款头戴式 VR 设备，却因在内测中反应平淡而夭折。1995 年，任天堂发布了一款基于 VR 技术的游戏机 Virtual Boy，但由于只能显示红黑两色且游戏内容分辨率和刷新率低，在不到一年的时间内便宣告失败。

真正将商用 VR 技术带向复兴的是 2012 年 Oculus Rif 和 Google Glass 的问世。从这个时候起，VR 产品在成本、延迟、视域和舒适度方面得到了显著改善，商用 VR 设备真正步入消费电子市场，VR 行业进入了产业元年。

2016 年是 VR 设备及内容生态极具里程碑意义的一年。VR 被列入"十三五"信息化规划等多项国家政策文件，国内厂商也纷纷入局。乐视头盔、暴风魔镜、掌网科技等相继出现，整个 VR 行业处于井喷状态。在 CES2016 上，Oculus 正式发售了 Oculus Rift 头戴式 VR 设备，同年登台的还有 HTC Vive 和三星的 Gear VR。也是从 2016 年开始，越来越多的资本看好 VR 内容（影视、游戏等）市场，大量投资蜂拥而至。国内新兴游戏公司、VR 工作室也陆续推出了一些高质量的 VR 作品，如《永恒战士 VR》《Aeon》等。

尽管 2016 年被称为 VR 元年，但随即在年尾引发"寒冬争议"。研究机构 Canalys 的报告显示，2017 年第一季度，美国消费者贡献了全球 VR 市场 40% 的销售额，日本上升到第二位，达到 14%，中国的市场份额则下降到 11%，退居第三位。

究其原因，当一大波企业奔着眼镜、头盔等硬件而去，抢着做平台、做入口时，内容的稀缺终于掣肘了 VR 产业的良性循环。同时，VR 追求的是沉浸式和场景化体验，但由于用户的参与感太过薄弱，只充当观众显然无法支撑全民对于 VR 的热情。

2018 年，在市场和技术的推动下，VR 行业逐步进入恢复和上升

期。同时，在 5G 技术的支持下，产业链各方与电信运营商合力促进 VR 行业应用的加速发展。这让 VR 技术在视频、教育、培训，以及购物和商品体验、医疗、交通、安防、生态保护等行业的应用不断显现。

2020 年新冠肺炎疫情进一步加速 VR 的渗透。疫情期间，由新华社、武汉大学、中国移动联合打造的全球首次 5G + VR "云赏樱"活动，就带着武大樱花频上热搜。此外，随着珠峰高程测量的最后冲刺，中国移动又率先在海拔 6500 米处开通了 5G + VR "慢直播珠峰"活动，甚至在珠峰搭建了一个"云端舞台"，通过 VR 直播让"在雪山蹦迪"成为现实。

跑马圈地，Oculus 独领风骚

VR 市场的火热仍在持续。根据兴业证券的数据，2020 年全球 VR 头显出货量为 670 万台，到 2025 年 VR 用户市场有望超过 9000 万人。2020 年全球 VR 头显出货量为 670 万台，同比大增 72%，预计 2022 年将达到 1800 万台。2020 年全球 VR 用户数量已超过千万人，到 2025 年将达到 9000 万人，苹果等巨头的相继入场给市场带来更大的想象空间。

（一）Oculus

从份额来看，Oculus 品牌独领风骚，Ouest2 市占率连月霸榜。

根据 Steam 平台公布的数据，2020 年 3 月 SteamVR 前四大品牌分别为 Oculus、HTC、Valve 及微软 WMR 系，Oculus 以高达 58.07% 的份额牢占榜首。其中，Quest2 上市后市占率飙升，2021 年 2 月加冕 Steam 平台第一大 VR 头显，3 月强势不减，份额继续扩大至 24.25%，连续 2 个月霸榜 SteamVR 最活跃 VR 设备。

作为 Facebook 最新一代 VR 一体机，Quest2 上市即表现不俗，2020 年 9 月发布之初，预订量就达初代的 5 倍。据 Facebook Reality Labs 副总裁 Andrew Bosworth 声称，Quest2 发售不到半年时间，累计销量就已经超过历代 Oculus VR 头显的总和。

根据 SuperData 统计，Ouest2 2020 年第四季度销量达 109.8 万台；据保守预计，2020 年 Quest2 销量约 250 万台，2021 年以来销量已接近 150 万台，累计销量已接近 400 万台。

2021 年 Quest2 销量翻倍。根据扎克伯格的透露，VR 平台以 1000 万名用户作为重要里程碑，一旦跨过这个门槛将迎来可持续发展。从 Quest2 的强劲销量来看，Facebook VR 生态已经打开，未来用户将持续贡献内容收入。

2021 年 Quest2 出货量占据所有独立 VR 设备的 80% 以上。得益于 Quest2 的强劲销售，Facebook 非广告业务收入激增。Facebook 2020 年第四季度非广告业务实现收入 8.85 亿美元（包括公司硬件产品 Oculus 和 Portal），同比增长 156%，Quest2 的热销是增长的主要推动力。

（二）HTC

HTC 联合 Valve 开发 VR 头显，产品系列丰富。HTC VIVE 系列是由 HTC 与 Valve 联合开发的 VR 头显，第一款开发者版本 VIVE 在 2015 年的 MWC 上发布，消费者版本于 2016 年正式开始销售。根据 Steamspy 数据，该款产品发行 3 个月后销量接近 10 万台。

VIVE Focus Plus 支持 2K 分辨率、6 自由度操控和 Inside-Out 定位追踪，无须连接 PC 或定位器即可使用，用户体验大幅提升。VIVE Pro 的色彩对比度更高，且内置 3D 立体声耳机，具备 100 平方米内空间定位追踪功能，可满足大型游戏需求。最新的 VIVE Cosmos 拥有 VIVE 系列中最高的分辨率，同时适用于各种 VR 应用程序，功能更加全面。

根据 IDC 数据，HTC 在 2018 年第一季度的全球 VR 行业销售收入的份额达 35.7%，第二名三星的份额为 18.9%。在内容方面，截至 2021 年 3 月，Steam 平台上 VR 游戏有 3871 款，其中，3727 款支持 HTC VIVE，2708 款支持 Oculus Rift，优势巨大。

VR 生活，仍有未竟之路

作为元宇宙与现实世界的硬件接口，当前，VR 已成为游戏、视频、直播的重要应用，VR 正加速赋能下游行业。VR 已广泛运用于房产交易、零售、家装家居、文旅、安防、教育、医疗等领域。据 IDC 预测，未来随着 VR 产业链的不断完善以及丰富的数据累积，VR 将充分与行业结合，由此展现出强大的飞轮效应，快速带动行业变革，催生更多的商业模式并创造更多的商业价值。

与此同时，不得不承认的是，到目前为止，在 VR 走向量产成熟的过程中，VR 依然需要面对诸多关卡，VR 的消费级市场前景，也依然道阻且长。

VR 的应用场景

VR 视频：商业化已落地，沉浸感、交互性及内容创新性有望持续加强。早期的 VR 视频以风景短视频为主。随着拍摄技术的日渐成熟，VR 巨幕影院、VR 直播、VR 360° 视频等场景逐渐落地，突破了场地、屏幕尺寸的限制，将原有场景向 VR/AR 端延伸，为用户提供电影、体育赛事、电视剧等多样化内容。2020 年爱奇艺推出的 360° 全景沉浸式 8K-VR 互动剧场《杀死大明星》支持用户通过交互探索同一时间维度的不同场景，开创全新的 VR 叙事模式。

VR 游戏：以《半衰期：爱莉克斯》为例，《半衰期：爱莉克斯》是由 Valve（未上市）研制的 VR 独占重度 RPG 游戏，该作品综合虚拟现实、FPS、解谜等多种游戏元素，通过高品质画面与强物理交互打造深度沉浸感。购买 VR 设备 Valve Index 将免费赠送《半衰期：

爱莉克斯》游戏，根据尼尔森 SuperData 的数据，2019 年第四季度的游戏公布后，售价 999 美元的 Valve Index 相继在 31 个国家售罄，2019 年全年销量达到 14.9 万份，而 2019 年第四季度销量占比约为 70%。2020 年 3 月 24 日，《半衰期：爱莉克斯》正式在 Steam 平台发布，上线仅一天即获 10654 份好评，好评率超过 95%。

VR 购物：VR 深度融合线上线下场景，通过建模还原商场场景，以数字化赋能传统实体经济，提升用户购物的便捷程度，引领远程消费新风尚。2020 年中国电信推出 5G SA+MEC 商业综合体云 XR 数字孪生平台，为消费者提供虚拟导购、虚拟景观、红包探宝等商业场景，同时也为商家提供大数据分析，支持打造开放式的数字生态，为 VR 购物打下基础。

VR 教育：相比传统课堂，基于 VR 建立起来的智慧教室、智能实验室能让学生和虚拟物品、抽象概念进行互动，加深对知识的记忆，营造优质、沉浸式的教学环境，有效解决部分课程难以记忆、难以实践、难以理解等潜在问题。例如，在实验室场景中，存在部分实验过于危险、教学器具昂贵等问题，VR 则能够为教学提供全新解决思路。

VR 旅游：根据世界旅游城市联合会（TCF）与中国社会科学院旅游研究中心的统计，2019 年国际旅客人数达 15 亿人次，全球旅游收入达 5.8 万亿美元，市场空间规模广阔。基于 VR 的旅游解决方案相较于传统的线下旅游，能够降低用户的费用成本。用户足不出户，即可享受不同地点、不同时间段的全球美景。目前，华为河图已经实现了自主讲解、文物复原等功能。未来随着技术的发展，VR+ 旅游有望加速商业化落地。

VR 医疗：在医疗培训方面，VR 技术能够突破产地、经费限制，降低医学教育成本，营造高效的学习环境，帮助医学生在虚拟手术台上反复训练技能；在医学干预方面，VR 技术能够模拟多样化环境，有利于缓解精神疾病患者的焦虑情绪；在临床诊断方面，VR 技术能够模拟患者体征，全面获取信息，提前预知手术的风险点；在远程医疗方面，VR 技术能够跨越空间界限，解决医疗资源不均的问题，亦可为战场、重灾区提供实时指导。随着硬件技术的改善，VR 有望成为传统医学的重要补充。

消费之路，道阻且长

在国际上，目前 VR 技术已经逐渐走向成熟，并且向着视觉、听觉、触觉等多感官沉浸式体验的方向发展。同时，相应硬件设备也在朝着微型化、移动化的方向发展。显然，未来 VR 的发展前景广阔，是通往元宇宙的关键路径。但不可否认，由于其技术、服务等体系的不完善，VR 离消费级市场依旧存在一定距离。

2018 年，美国一项针对专家的调研显示，在影响 AR 和 VR 普及的因素中，用户体验被认为是最主要的因素，选择该项的受访者占比分别达 39% 和 41%。如果设备性能不过关，用户体验感就会大打折扣。作为未来进入元宇宙的第一入口，AR 和 VR 目前仍需在软硬件上不断做出优化。

从体验感上来看，目前 VR 设备的清晰度和刷新率仍有提升空间。

以 VR 设备为例，目前主流产品类型包括 VR 手机盒子、VR 头显和 VR 一体机。市面上 VR 设备的分辨率最高支持 4K，若要达到人眼最自然的清晰度，则需要高达 16K 的技术水平。高刷新率可以提高画面的流畅度，减少时延和重影，在一定程度上减轻人们使用 VR 设备时产生的眩晕感。最理想的刷新率是 180Hz，目前现有的大部分 VR 头显刷新率在 70 ～ 120Hz 之间。

VR 还面临着一些其他问题，这些问题会直接影响用户体验，进而决定用户的使用意愿，如电子部件的发热对于佩戴型设备是非常棘手的问题。高计算能力、高通信带宽都会带来更严重的发热问题，设备发热量和散热方式将会成为后续产品开发的重点研究领域。另外，眼镜型设备都隐含定制化需求，用户瞳距、视力情况、用眼习惯等都直接影响着每一个消费者的使用意愿。

从性能上来看，现有 VR 设备的算力负荷大，功耗过高，直接影响续航。高性能必然要求设备具有强大的计算能力，但也造成了功耗过高，进而产生设备发热的问题，可能存在安全隐患。但高性能与低功耗之间并非取舍问题，破局之道在于将 5G 和云计算应用到 VR 领域，不仅可以释放终端压力，还能从体积、重量上给终端设备"瘦身"，提高使用舒适感。

例如，要实现视网膜屏幕效果的 VR 显示，单位角度像素密度要达到 60PPD（确切为 57.6PPD）。在保证这个参数的同时，还要达到正常人 110 度及以上的视场角。采用的手段就是使用光学透镜放大视场，在 VR 设备的狭小空间内，基本就等于 2 寸左右的显示部件要达到 6K 以上级别的水平像素总量。此外，更优越的显示、计算、通信性能，需要更高的能耗。无论把部分性能放在本地还是云端，计算能力和通信能力的提升都需要更多的能耗。

还有一种降低算力负载的方式是串流。通常的串流是有线方式，即将头显通过 USB-Type C 接口与手机相连，或通过 DP、HDMI 接口与 PC 相连，从而将渲染的主要算力放在手机或 PC 端，通过线缆直接传输视频、操控交互信息。

从轻便性来看，无线串流技术还不成熟。为了实现 VR 头显的轻便性，并解决空间移动问题，无线串流是 VR 产品设计着力解决的方向。目前主流的无线串流技术主要是 Wi-Fi 和私有协议。前者将 PC GPU 渲染并压缩过的数据通过路由器传送至头显，通常需要千兆路由器才能有比较流畅的体验，但由于技术的不成熟，目前有额外时延、画质损耗、高性能消耗以及其他不稳定因素。后者通过设备厂家自己研发的压缩算法和通信协议传输，如 VIVE 无线套件，使用 WiGig 配件，可以实现计算机和 VR 头显时延小于 7ms，但需要架构额外的 WiGig 加速卡，这就增加了用户的成本。

从价格来看，设备昂贵，造成消费者的经济压力。市面上比较畅销的 VR 设备价格参差不齐，但综合产品参数来看，配置较好的设备价格大多在 4000 元左右或更高。另外，如果用户购置的是 VR 头显而非一体机，还需再搭配一台性能达标的主机设备，这又增加了额外的成本。

并且，VR 还未形成明晰的商业模式。目前 VR 在 ToC 市场的盈利方式主要有两种，一种是终端设备的出售以及线上内容付费模式，另一种是线下 VR 体验馆的单次付费模式。第二种商业模式不仅结构

单一，持续性和稳定性也较弱。硬件和终端设备销售是早期 VR 市场最重要的收入来源，但内容作为元宇宙的核心要素，将是未来的主要盈利点。目前大多数 VR 体验馆所提供的体验内容不具有足够的吸引力，顾客基本上都一次性消费，无法给行业带来稳定、持续的收入。

当前，元宇宙正推动 VR 产业整体发展并进入技术变革的机遇期——以技术创新为支撑，以应用示范为突破口，以产业整合为主线，以平台集聚为中心，以构建"VR+"为目的，但从目的到路线图仍需更多努力和探索。

虚拟的未来——混合现实

如果说 VR 是一种能够使人以沉浸的方式进入和体验人为创造的虚拟世界的计算机仿真技术，能完全创造出一个生动的虚拟世界，能让用户与真实世界隔绝。那么，AR 就是在 VR 技术上的进一步升级。

AR 和 VR 有何区别

VR 是一种完全沉浸式的技术，用户看到的都是虚拟环境。这使 VR 本身不具备强移动性——用户需要确保所处环境的安全，从而在非常有限的距离内移动，以避免撞到墙壁等物体或摔倒。

由于 AR 将数字对象和信息叠加在现实世界之上，因此 AR 对用户的切实价值主要体现在移动场景上。例如，当用户身处陌生环境时，AR 可以帮助用户获得更多周边环境信息，用户还可依靠 AR 导航指引前往目的地。这使 AR 能够与移动网络完美结合。

从设备来看，鉴于 VR 是纯虚拟场景，VR 装备多配有位置追踪器、数据手套、动捕系统、数据头盔等，用于用户与虚拟场景的互动。而 AR 是虚拟与实景的结合，所以设备一般都配有 3D 摄像头。严格来说，只要安装了 AR 软件，如智能手机等带摄像头的产品都可以进行 AR 体验。

从技术来看，VR 的核心是图像处理，目前在游戏领域应用最广、最为关注的是沉浸感，对 GPU 性能要求较高。AR 则强调复原人类的视觉功能，应用了很多计算机视觉技术对真实场景进行 3D 建模再处理，重视 CPU 的处理能力。

从应用场景来看，VR 的虚拟现实特性使其具有沉浸感和私密性，决定了其在游戏、娱乐以及教育社交等领域有天然优势，而 AR 的增强现实特性决定了其更偏向于与现实交互，适用于生活、工作、生产等领域。

AR 现状：基于手机的应用

事实上，当前面向消费者的专用 AR 头显尚未获得市场的普遍欢

迎。不过，在智能手机操作系统开发者工具（如安卓的 ARCore、苹果的 ARKit 和华为的 AR Engine）的支持下，AR 已经在智能手机上流行多时。其中，AR 社交、AR 游戏、AR 导航已成为最受欢迎的三类应用。

（一）AR 社交

当前，社交软件无疑是 AR 的主要应用。Snapchat 出类拔萃，推动了 AR 的普及。截至 2021 年第一季度，Snapchat 日活用户达 2.8 亿人，其中，平均有 2 亿名用户每天都使用 AR 互动。其最初（目前最受欢迎）的功能是在视频通话中为用户提供 AR 滤镜。它虽然不能提供一定程度的实用功能，但能提升视频通话体验。例如，用户可通过 AR 滤镜尝试新发色，并获得好友反馈。

欧莱雅等品牌利用这些"滤镜"来进行新颖的产品广告宣传。Snapchat 在发展过程中也不断增强其 AR 功能，增加了对身体其他部位的识别，如借助脚部识别，用户可以试穿虚拟鞋子。此外，用户还可以为现实场景添加滤镜。这些功能为用户提供了新颖的体验，也让更多品牌能利用 AR 进行广告宣传和市场营销。

许多流行的视频通话应用也模仿了 Snapchat 的 AR 功能，Facebook 和苹果的 FaceTime 就集成了类似的功能。Facebook 称，在 3 年内，其 AR 聊天滤镜用户将达到 10 亿人，包括旗下的 Instagram、Messenger 和其他产品平台的用户。

华为"趣 AR"功能集成了 3D Cute Moji 表情包，可以追踪用户的脸部动作和表情，为用户匹配 3D 虚拟头像。华为"趣 AR"功能受到年轻用户的广泛欢迎，在华为的整体智能手机应用中，其受欢迎度排名前列。苹果的 FaceTime 和 TikTok 也集成了类似的 AR 功能。当前用户主要通过这些社交软件熟悉 AR。

（二）AR 游戏

与 AR 社交应用一样，游戏也是将 AR 推向大众市场的一类主流内容。Niantic 开发的《宝可梦 GO》在全球大获成功，引领了 AR 游戏的风潮。这款游戏推出后迅速风靡全球，截至 2018 年 5 月，月活用户超 1.47 亿人。截至 2019 年初下载量超十亿人次。截至 2020 年，其收入已超过 60 亿美元。

这款游戏的独特之处在于将现实和虚拟世界结合起来，为玩家提供基于实景的 AR 体验。宝可梦（神奇宝贝）散落于真实世界的各角落，玩家需要四处走动来捕获它们。当玩家遇到一只宝可梦时，它会通过 AR 模式显示出来，就像存在于真实世界一样。玩家还可以进行宝可梦竞技，同样是基于实景的（宝可梦竞技场）。此外，游戏出品方还实现了游戏体验与实景的进一步结合。例如，玩家可以在真实世界中靠近水源的地方找到水生宝可梦。

《宝可梦 GO》不仅作为游戏大获成功，其广告模式也非常成功。因为宝可梦散落于真实世界的各角落，所以可以利用这一点吸引大家前往某个地点。例如，2016 年，该游戏与日本麦当劳合作，将麦当劳门店设成宝可梦竞技场。这一合作为每家麦当劳门店平均每日增加

了 2000 名顾客。随后，美国运营商 Sprint 也与 Niantic 合作，为全美 1.05 万家零售店展开类似推广。近期，Niantic 的新游戏《哈利波特：巫师联盟》与 AT&T 合作，将 AT&T 的 1 万家零售店设置成游戏中的旅店和要塞以吸引顾客。

AR 游戏也可以只与室内场景结合，如任天堂推出的《马里奥赛车实况：家庭赛车场》。玩家利用装有摄像头的实体玩具车进行比赛，在家里布置赛道，然后通过增强现实叠加传统马里奥赛车游戏里的图形元素。游戏中只有赛车和家具是真实的，其他内容都是通过 AR 叠加的图形元素。

基于 HMS Core AR Engine，华为与众多中国互联网娱乐合作伙伴（包括腾讯、网易、完美世界、迷你玩等）联合开发大量知名游戏，在中国推动了游戏的创新体验和 AR 生态的发展。以 X-Boom 游戏为例，玩家的任务是对叠加在现实世界中的 AR 动物角色进行射击。

（三）AR 导航

导航也是当前 AR 功能应用的一个关键领域。谷歌地图和谷歌地球都加入了 AR 功能。除了提供更直观的导航这一实用功能外，还可以在餐馆或地标等真实地点叠加"地点标志"，使用户方便获取额外信息。

移动运营商也活跃于导航领域，且可利用 5G 定位，相对于 OTT 服务商更具有潜在优势。例如，LG U+ 推出了 Kakao Navi 服务，能够为司机提供车道级导航，比 GPS 定位更加精准。5G 定位也适用于室内场景，比基于 GPS 的地图更具优势。此外，AR 设备上的传感器还可以为司机提供潜在危险提醒。

百度地图通过基于中国移动网络的差分校正提供车道级导航，目前已在广州、深圳、苏州、重庆和杭州率先落地。测试表明，使用华为 HMS Core AR Engine，百度地图的准确性和稳定度得到大幅提高。

华为河图基于 HMS Core AR Engine 和高精度地图技术，在上海（外滩）、敦煌和北京等地都较好地实现了落地。除此之外，该技术在 AR 导航、文物再现，以及更好融合现实与历史等方面进行了探索，为 AR 技术的推广带来了深远影响。

这些 AR 导航工具提供的功能还可以为游客提供 AR 体验。除了智能手机外，Telef6nica 与内容伙伴 Mediapro、当地运输公司 TMB 合作，在巴塞罗那的旅游巴士上安装了 AR 屏幕。5G 网络能提供基于地理位置的富媒体内容直播，为游客带来互动式体验。

"AR 游西湖"是中国杭州市研发的一个 AR 旅游创新应用。西湖是被列入世界文化遗产目录的著名旅游景点之一，AR 能够为游客丰富西湖旅游景点内容，提供沉浸式观景体验。游客通过下载"掌上西湖"App 进入"AR 游西湖"板块，手机对准所参观景点，屏幕便即刻显示该景点相关的背景故事，使游客沉浸其中。"AR 游西湖"旅游路线包括平湖秋月、放鹤亭、苏小小墓、岳王庙等，全程 AR 体验区达 1.4 千米。同时，"掌上西湖"App 还实现了全景区 AR 智能导航、导游及导购，最大限度地为游客提供便利，让旅游变得更丰富、更有趣、更轻松。

AR 未来：走向 MR

不论是 VR，还是 AR，虚拟技术走到最后，必然达到 MR 阶段，这也是元宇宙最后呈现出来的理想结果——混合实境（合并现实世界和虚拟世界），产生新的可视化沉浸式交互环境。显然，MR 是 VR 和 AR 的进一步发展。MR 通过在现实场景呈现虚拟场景信息，在现实世界、虚拟世界和用户之间搭起一个交互反馈的信息回路，以增强用户体验的真实感。

总之，MR 将给人们创造一个混沌的世界——人们在 MR 世界将无法区分数字模拟技术（显示、声音、触觉）等和现实的差异。因此，MR 更有想象空间，它将现实世界实时并且彻底地比特化。MR 设备同时包含 VR 设备和 AR 设备的功能。

在未来的元宇宙世界里，MR 将能够让玩家同时保持与现实世界和虚拟世界的联系，并根据自身的需要及所处情境调整操作。超次元的混合现实 = 虚拟现实 + 增强现实 = 现实世界 + 虚拟世界 + 数字化信息。简单来说，MR 技术就是 AR 技术与 VR 技术的完美融合（甚至升华），虚拟和现实互动，不再局限于现实，从而获得前所未有的体验。

进入元宇宙时代的最终呈现方式会以 MR 为主，并且以去屏幕化的方式让屏幕无处不在，即一种随时随地、触手可及的虚拟与现实混同的生活方式。

全息时代正在崛起

VR、AR、MR 等技术突破了以往平面视觉的极限感知，全面开启了三维体验与交互新阶段，逼真的三维虚拟动态显现与沉浸式体验逐步成为一种常态。其中，搭载 VR、AR、MR 等技术的全息技术，提供着更具多元化、拟真态、交互性的体验。

作为一种在虚拟世界刻画现实世界、仿真现实世界、优化现实世界、可视化现实世界的全新技术，全息技术将 AR、VR 和 MR 三者之间的界限打破，并进行有效融合。全息技术带来了全新的移动式、智能化、镜像化、全息态的体验模式。从这一角度来说，元宇宙的崛起也是全息时代的崛起。

全息之"完全信息"

全息，完全信息之意。

全息技术最早由科学家 Dennis Gabor 于 1947 年发现。Gabor 发现，由透镜所产生的像差依然存储着物体的全部信息。他受到布拉格 X 射线显微镜的启发，先利用相干电子波记录物体的振幅和位相信息，再利用相干光波再现像差矫正良好的像。他巧妙地将不易矫正的电子透镜的球差转移到了易于矫正的光学范畴，并用可见光证实了他的想法。

Gabor 以高压汞灯作为光源，用透射物体的直射波作为参考光和物体的衍射波相干涉，得到了同轴全息图。当用相干光再现全息图时，显微镜下能够观察到物体的再现像。

全息图具有三维特性，以及与在实际生活中的一切相同的视差关系。Gabor 借助于把相位差转换成强度差的背景波解决了全息技术发明中的基本问题，从而把相位编码成照相胶片能够识别的量。由于这些记录不仅记录了物波场的振幅信息，还记录了其相位信息，因此 Gabor 称这些记录为全息图，意思就是——完整的图。

现在，人们将全息技术分为两大体系：一种是光学意义上的，另一种是投影呈现领域的，但在实际应用中人们没有将二者细分。其中，光学意义上的全息技术即利用光的干涉原理，将整个物体发射的特定光波以干涉条纹的形式把物体的全部信息记录下来，并在一定条件下形成与物体本身相似的三维图像。

这种意义上的全息技术具有三个特点：一是三维立体性，即全息照相再现的图像是三维的，它呈现出来的效果就像观看真实物体一样富有立体感；二是可分割性，指全息照片即使破碎了，也不影响整个物体的图像，不会因照片的破碎而失去图像的完整性；三是信息容量大，它的理论存储量上限远大于磁盘和光盘的存储量。投影呈现领域的全息则是利用光学传输特点，使数字影像在"空中"呈现，从而实现与真实物体在视觉空间上的"虚实融合"。

全息技术自发现以来，就不断地融入其他学科领域，形成了各种新兴技术，如全息存储、模压微全息、全息计量等技术。并且，之后也相继产生了多种全息技术，如透射全息、像面全息、彩虹全息、白光再现全息、真彩色全息、动态全息、计算全息、数字全息……全息技术也越来越多、越来越成熟，并逐渐实现商业应用。

全息技术之应用

当前，全息技术在时装界、文娱界、政界均开启了应用热潮。

在时装界，全息压模技术和时装界的结合成了设计师的宠儿。早在 2006 年的一场秋冬季时装发布会上，亚历山大就展示了一幅凯特的全息照片。在文娱界，2015 年春节联欢晚会中，李宇春表演的《蜀绣》就通过特效"分身"出多个李宇春，在观众面前同台表演。在此之前，轰动一时的邓丽君和周杰伦隔空对唱，也采用了全息技术。这些画面的实现，就利用了全息技术，产生立体的空中幻象，使幻象与表演者互动，一起完成表演，产生令人震撼的演出效果。目前，美国、英国等国家的一些城市已经出现全息博物馆，一些稀世珍宝被拍成全息照片予以呈现，以减少文物损坏、被盗等事故。也有国外设计师将全息技术应用于座椅的靠背，为乘客提供点餐、通信及环境三维图像等信息。在政界，此前印度总理莫迪就在 2014 年 5 月的竞选中，使用全息技术让自己出现在不同的地方拉选票和演讲。

更重要的是，搭载 VR、AR、MR 等技术的全息技术，还将提供更具多元化、拟真态、交互性的体验。深圳亿思达集团钛客科技在 2014 年发布了全球首款全息手机——Takee，用户利用该手机可以看

到全息图。它内置专业的特殊摄像头以精准地追踪眼球并在此基础上建模，从而使我们看到全息图。同时，随着眼球位置的不断转移，画面还会随之自动适配。用户可以不受视角限制，裸眼观看逼真的、高清晰度的 3D 立体电影。

2015 年，微软正式公布了全息眼镜 HoloLens。该眼镜内置全息处理器，用户戴上它可以利用内部的传感器感应自己的肢体动作，也可以把数字内容转换并投射全息图。用户眼前可以出现悬浮画面，如在墙上查看信息、直接进行 Skype 视频通话、观看球赛或者在地上玩游戏。汽车购买者利用 HoloLens，可以轻松地选择自己喜欢的汽车颜色和配置，也可以任意添加、变换所需功能。使用者还可体验登陆火星、在虚拟世界中设计玩具并打印出来。甚至，使用者还可以与西班牙的机车设计师共同设计物理模型。这一切都如同身临其境。微软甚至设想用户可以坐在自己的客厅里，与好友以实时协作的方式玩全息的 3D 游戏。可以说，全息技术给人类带来了一种全新的看世界的方式。

在教育领域，未来学生或许可以戴上全息眼镜，身临其境地接触以前无法看到的场景。这将让学习不再是以传统的、枯燥的文字形式呈现，或者图像形式呈现。它可以把一些用文字、图像描述的内容情景化，增加学生的学习兴趣，让学生更容易走进学习场景，真正实现教育即生活。

人与信息新互动

未来，在全息技术的促进下，人们将摆脱被动的观看体验，进入全息情境，在情境中观看、感受、体验全新的空间环境，并通过这一"再造"空间环境进行全新的交互体验。人们可以进入由全息技术打造的三维立体空间中，然后再和由全息技术打造的三维立体影像进行互动。

从这一角度来说，元宇宙的核心就是实现信息和人类之间的交互行为，变革人类对所处的环境的适应方式。在这样的时代里，空间和时间的交互统一了五感，加入了参与者的内心情感和主观思维。在科幻作品中曾幻想的那些场景，也终将成为现实。

试着想象一下，在偌大的展厅中央，一辆全新概念车的三维影像悬浮在半空中，各角度的细节都清晰可见。而且，随着人们手指的挥动，该影像可以360°旋转、立体分解，甚至可以迅即变成其他物体的三维影像。未来，电影已经不单是一块悬挂于墙上的银幕，观众将置身于一个虚拟的戏剧舞台，亲身体验或参与一段段故事。

事实上，这一全新的交互体验形式在过去就已经出现。2009年8月，世界经典艺术多媒体互动展在北京展出，61幅作品均取材于代表人类文明的艺术精品。作品涉及绘画、雕塑等，既有人们熟知的达·芬奇代表作《蒙娜丽莎》《最后的晚餐》，也有可以追溯到旧石器时代奥瑞纳时期的《沃尔道夫的维纳斯》。这些艺术作品既毫不失真地再现了所有参展艺术精品，又将全息技术、3D技术与语音识别技术融入经典艺术作品中。经典艺术作品中的人物全都被赋予生命，

能说会动，活灵活现。2 米多高的女神维纳斯赫然显现在殿堂当中，但如果要张开双臂去拥抱维纳斯，则会扑个空，因为那只是女神在空中的全息影像。

在可预见的未来里，元宇宙带来的前所未有的信息交互方式还将为社会文明与人文精神的可持续发展开辟新的空间。人类对社会交往和交互观念的认识还将发生革命性的转变，信息交互的情境也将不断扩展与转型。

第五章

源于游戏，
超越游戏

元宇宙的发展正酝酿着下一场技术革命，但正如过去每一次的技术革命一样，在技术革命全面到来之前，定会有一个先导产业爆发式增长，进一步带动其他要素发展，促进相关产业的发展。例如，第一次工业革命从纺织工业开始变革，进一步推动了冶金工业、煤炭工业、机器工业和交通运输业的发展。

当前，元宇宙也正在寻找一个行业爆发基点，以"渗透率提升—商业收益提高—激励生态发展—渗透率持续提升"的方式实现渗透率螺旋提升。游戏集成了更加沉浸、实时和多元化的泛娱乐体验，正在成为元宇宙的爆发基点，推动元宇宙加速发展。

游戏的艺术

自古以来，游戏作为一种复杂的活动，在人类社会中发挥着多种多样的功能。在古希腊时代，游戏就已经成为哲学讨论的范畴之一。柏拉图、苏格拉底、亚里士多德、芝诺芬尼都探讨过游戏的意义，并将其作为人类思想体系的一部分。这些哲学家从哲学的角度鉴别了能够帮助了解世界和人类作用的大量游戏形式，提供了游戏理解的三条途径：竞争、模仿和混乱。

古人对游戏的思考与他们信仰的神有直接联系，体现着人和神之间的关系，或者说是神对人的直接引导和控制作用，以及人对神的崇拜。例如，竞争游戏中的获胜方被认为得到了神的恩赐；表演或戏剧的内容是一系列模仿神的活动，是为了取悦神，做神可能想做的事情，拉近人和神之间的距离；投机游戏即神为游戏者引导方向，为游戏者做出选择。而这些关于游戏的最原始的思维方式，到今天都仍影响着我们对游戏的思考，推动游戏发展并进入一个更深刻和广博的世界。

玩一场游戏

舒茨在《蚱蜢：游戏、生命与乌托邦》中创造性地提出"玩一场游戏"的概念，即"自愿克服非必要障碍"。

拆解来看，"自愿"即游戏态度；"克服"对应的是游戏方法；"非必要障碍"也就是游戏规则。最终，用"自愿"的游戏态度"克服"了游戏规则下的非必要障碍，也就完成了"游戏目标"。而"玩一场游戏"就像是一个隐喻，映射着我们的现实生活和每一个人的人生。

对于最终的游戏目标，舒茨认为任何游戏都有既定目标，这个目标是一种"状态"。如果游戏是打乒乓球，目标就是将球打过网；如果游戏是四百米赛跑，目标便是从起点跑到终点；如果游戏是西洋跳棋，目标就是吃掉对手的所有棋子。这些目标与游戏本身无关，指的是事物的状态。

有了游戏目标后，就需要有达成这种目标的游戏方法，但游戏方

法却并不总是有效的，例如，打乒乓球或四百米赛跑中，干扰其他选手或抢跑以实现目标，就不能被看成是较为"有效"的方法，或者说这不是赢得比赛的方法。而"无效"的方法也往往是社会之混乱和法律之必要的原因。这意味着，我们需要关注的是：在游戏中，被允许使用的能够帮助自己获胜的方法。而这一方法，也就是游戏方法，是被允许使用的能够达成游戏目标的方法。

接下来的问题就变成了"什么能够限制在游戏中使用的方法"？答案显而易见，即游戏规则。游戏规则的作用是对某些特定的能够达到游戏目标的"有效"的方法的禁止。

例如，李世石要赢得 AlphaGo 最好的办法就是把电源拔掉；在石头剪刀布游戏中总是慢出。这些方法很"有效"，但也是被禁止的。游戏规则以及明确的游戏目标，共同构建了玩一场游戏所必须符合的所有条件，即构建规则。这也是千百年来人类文明的伟大之处。最重要的是，要使其他人感兴趣并且觉得意义重大。也就是，赋予规则重要的意义。就像一片土地，当人们划出边界，才产生价值，而土地本身是没有价值的。

观察许多游戏的规则后可以发现，构建规则总是将那些最简单、有效、容易、直接的方法排除在外，而更加偏好复杂、有难度的方法。所以，构建规则限制了人们使用能够最有效达成游戏目标的方法，鼓励使用"更低效"的方法去完成游戏。也就是说，我们所进行的游戏是在约束条件下进行的，而在约束条件下如何去实现最终的游戏目标，则需要玩家探索和博弈。

有了最底层、最基本的构建规则，有时在这种规则之上还会延伸出其他规则，例如，带有惩罚性质的规则。例如，篮球场上的防守三秒规则，违反了这个规则不会让游戏无法进行，只会带来惩罚。当然，这种规则仅是构建规则的延伸。

在游戏系统里，从游戏目标到实现游戏目标的方法，再到限制方法的游戏规则，搭建好整个游戏进行的逻辑，才能构建游戏世界。而映射到现实生活中，这依然有效。

在某种意义上，现实世界可以被视为一个规范化的系统。这个规范化的系统有分支的岔路，不同的岔路对应着每个人不同的目标，人们通过做出选择来决定前进的方向，不同的选择会导致不同的结果。显然，这些选择是有意义的。尽管我们只能在规定下享有"有限的自由"，但正是这些"限制"让我们的选择变得有意义。

从游戏机制到现实规则

无论是游戏世界，还是现实世界，都遵循着目标、规则和方法的平衡统一。即有了目标后，构建规则从底层搭建好了整个世界进行的逻辑，不同的规则会带来不同的约束与惩罚，从而衍生出不同的达成游戏目标的游戏方法。为了更好地平衡目标、规则和方法这三者的关系，则需要一套系统的机制进行调节。

值得一提的是，机制与规则并非同一件事。机制一词源于希腊文，原指机器的构造和工作原理：（1）机器由哪些部分组成和为什么由这些部分组成；（2）机器是怎样工作的和为什么要这样工作。

把机制的本义引申到不同的领域，就产生了不同的机制。从管理机制到社会机制，从生物机制到游戏机制，不管是何领域的何种机制，都是以一定的运作方式把事物的各部分联系起来的，使各部分得以协调运行而发挥作用。从这个角度来说，机制是基于内容诞生的一套平衡体系。

在游戏中，游戏机制更多的是起到辅助规则的作用，与规则互补，使玩家在游戏过程中有更好的游戏体验。例如，奖惩机制，就是对游戏规则的一种补充，以增强游戏的可玩性。此外，规则对所有玩家都是公开、一致的，而游戏机制却并不一定公开。或许大多数有过游戏体验的人都知道，游戏机制允许隐藏。例如，在游戏过程中玩家处于劣势时，游戏可能会自动降低游戏难度，以提高玩家的参与感，这反映了机制在游戏过程中的协调与平衡作用，更重要的是能够增强玩家的体验感。

终于，在玩家与游戏的交互过程中诞生了玩法。而映射到现实生活中，不同的"玩法"对应着每个人不同的生活。事实上，选择读书，选择走遍世界，选择成为一个匠人，从游戏思维角度来看，都是一种玩法。这种玩法令人长时间地去认识现象，然后慢慢深入。现象是无穷无尽的，因而认识这个现象与认识其他现象之间并没有高低之分。意识到这一点，人们就能对很多事物产生兴趣。

这个时候，游戏机制就完成了向现实规则的过渡。这就是为什么虚拟游戏会对现实生活具有如此重要意义的原因。从这一角度来说，现实生活也可以成为一场游戏。在目标、规则和方法的动态平衡下，每个人都在这之间寻找自己的生存方式。在这样长期的博弈过程中，也许会诞生更创新的游戏机制，一次一次打破我们对世界边界的认知。人类不会满足于已有的这些游戏机制。相反，我们会突破现有游戏机制的束缚，寻找更多的游戏元素，以获得更新的游戏体验。

当然，在互联网诞生之前，人们只能在物理空间内进行有限的游戏活动。信息技术的飞跃式发展，把人类社会推进了一个虚拟的空间。从接机时代到主机时代，再到手机时代，电子游戏开始以互动方式传递其承载的内容。玩家通过游戏从中获得各种情感体验，每个人在游戏中都会产生解读、思考，以及逐渐累积起来的情怀，并产生与他人分享的动力。

不论是在 2020 年 2 月出圈的《瘟疫公司》，还是在 2020 年大火的《动物之森》，抑或越来越多的手机游戏，当剥离了所有的美学表现、技术实现和故事设定后，观察虚拟游戏与现实世界的交互和关联，人们终于发现——虚拟游戏不是现实世界，却源于现实世界。游戏源于现实世界，更启发现实世界。"游戏人生"，这句话的意义其实比我们以为的要深刻得多。

游戏是元宇宙的呈现方式

得益于技术的发展，电子游戏也经历了风云变幻。从诞生时粗糙地模拟，到让人们拥有"上帝创世"的能力。如今，在各类强平台上，玩家终于有了一览星际飞船、魔法和怪物的机会。游戏公司也深知玩家想要什么，他们将数学、美学、心理学融入电子游戏，试图带给玩

家无比强烈的体验。

于是，在游戏越来越模拟现实和延伸现实的过程中，在游戏能够提供更为沉浸、实时和多元的体验时，游戏也成为最靠近元宇宙概念的存在。游戏的内容生产构建了元宇宙内容的基础；游戏的技术迭代提供了元宇宙技术体系的支撑，游戏的商业化路径，也成为了元宇宙先导行业爆发的突破所在。

电子游戏之发展风云

1946 年，世界上第一台计算机埃尼阿克在美国诞生。仅仅 12 年之后的 1958 年，在纽约的 Brookhaven 国家实验室就出现了世界上第一台以晶体管作为显示器的游戏《PONG》。无聊也是一种生产力，在计算机出现后，许多电子工程师闲暇之余做出的具有交互性的小游戏就是电子游戏的原型。

很快，人们发现电子游戏有巨大的前景。几乎没有人不被这样的游戏吸引，在发现《PONG》的内容很让人们感兴趣后，开始有越来越多的人尝试制作有趣的电子游戏。终于，布什纳尔创造了第一款商用游戏《Space War》。

不久之后，布什纳尔又成立了后来大家熟悉的雅达利，而在雅达利赚得盆满钵满之后，日本任天堂也嗅到了巨大的商机。原先是玩具厂的任天堂在山内溥的带领下转而做起了电动玩具的生意，正是任天堂的加入才在真正意义上让游戏走进千家万户。

任天堂使用卡带作为介质的这一创新，完美地整合了软硬件之间的关系，也为后来的游戏销售打下基础。计算机技术的发展反映在电子游戏上格外地明显，内存的扩大、计算机图形技术的发展都能直观地表现在游戏的画面上。

在技术的支持下，游戏产业迅速被世界接受。在游戏爆发的年代，越来越多的公司加入游戏行业。8 位机时代之后的 16 位机时代，世嘉公司也加入进来。再后来的 32 位机时代，索尼的 PlayStation 和微软的 XBOX 也走向游戏 3D 化之路。

PS（PlayStation）的出现为游戏界注入了新鲜的血液，PS1 取得的巨大成功让所有人都期待它的后续机种。2000 年 PS2 发售，这台历史上非常畅销的游戏主机，共售出超过一亿五千万台。并且，计算机内存和图形计算能力的几何数级增长让游戏开发者有更大发挥想象的空间，游戏也开始向着第九艺术进化。

21 世纪初，端游进入黄金发展时期。韩国、美国等国家的经典游戏不断进入中国市场，中国自研的大型网游（如《梦幻西游》等）也持续涌现。2007 年，在网络宽带和 Flash 技术的发展应用下，简单便捷的页游逐渐兴起。玩家群体进一步扩大，游戏类型持续扩充。2010 年端游发展达到巅峰。

随着智能手机的普及、网络传输速度的提高和用户时间碎片化等，2011 年手游逐渐兴起，2013 年进入快速发展时期，驱动中国游戏产业持续增长。2020 年中国游戏市场收入达 2786.87 亿元，同比增长 20.71%，其中，移动游戏已达 2096.76 亿元。

网络游戏通过科学与技术对现实中的游戏进行模拟，方便人们在

现实游戏条件不足的情况下也能获得类似的体验。基于此，网络游戏成为一场安全的冒险。画面的高度拟真加上操控的实感会让每一位玩家不知不觉地认同自己通过游戏中的替身，亲身在游戏世界中生存。好的游戏对幻觉的创造已经达到艺术品的水平。

人们可以在《最后生还者》之中体验莎士比亚级别的动人故事；在《奥日与精灵意志》中欣赏亦真亦幻的水彩画；在《女神异闻录5》中享受动感节律带来的快乐。人们甚至能在游戏中进行行为艺术，日本像素画艺术家 BAN-8KU 就将画展开在了自己的《动物森友会》游戏中。

对比端游、页游及手游，在终端硬件升级的支持下，游戏产业的持续发展为用户提供了更加便捷的游戏体验方式、更加丰富的游戏玩法，以及更加细致精美的游戏内容。

元宇宙是游戏的延伸

从游戏的发展中就可以看到，游戏是基于对现实世界的模拟而构建的虚拟世界，其产品形态本就与元宇宙具有一定相似性。相较于游戏，元宇宙则是一个在现实世界基础上的持久稳定的实时虚拟空间，拥有大规模的参与者，参与者在虚拟空间中几乎可以完成在现实世界的所有行为。元宇宙拥有公平的闭环经济系统，同时，用户通过内容生产可以不断丰富和拓宽虚拟空间边际。可以说，游戏是元宇宙搭建虚拟世界的底层逻辑，元宇宙则在游戏的基础上进一步延伸。

　　首先，游戏和元宇宙均打造了一个虚拟空间。游戏通过建立地图和场景打造出一个有边界的虚拟世界。例如，游戏《GTA5》就为玩家打造了一张洛圣都地图，并且通过精细化场景为玩家提供丰富的探索自由度；AR 游戏《宝可梦 GO》则基于现实世界场景打造了一个宝可梦世界供玩家探索。然而，无论是开放世界游戏还是基于现实场景的 AR 游戏，这些都是元宇宙展现方式的基础，而元宇宙还需要在游戏架构的基础之上打造出一个边界持续扩张的虚拟世界，用来承载不断扩张的内容体量。

　　其次，游戏和元宇宙均给予用户一个对应的虚拟身份和可以个性化打造的虚拟形象，用户基于该虚拟身份进行娱乐、社交、交易等一系列操作并形成一系列社交关系。在腾讯的《天涯明月刀》手游中可以通过个性化捏脸打造虚拟形象。同时，游戏和元宇宙还通过丰富的故事线、与玩家的频繁交互、拟真的画面、协调的音效等构成一个对认知要求较高的环境，使玩家必须运用大量脑力以专注于游戏中发生的事，从而产生沉浸感。

　　最后，游戏引擎能力是元宇宙打造高沉浸度和拟真度虚拟世界的必要能力。元宇宙作为超大规模实时交互的超级数字场景，其高度拟真和丰富信息量的特性需要其具备多种能力，并且以高效率、工具化的形式提供给开发者和内容创作者。因此，游戏引擎还需要在发展中不断突破"次世代"技术能力，实现更加拟真的效果。

　　目前，游戏行业内常用的虚幻 4 引擎和 Unity3D 引擎已经实现 PBR 物理光照模型、SSS 材质、GPU 粒子等高级功能。当然，游戏引擎仍在向着更强大、更易用的趋势发展。以虚幻 5 引擎为例，作为

跨世代的引擎迭代版本，极大地优化了开发的工作流，实现数倍的渲染效率提升。未来，随着引擎能力的持续提升，更拟真和更易用的引擎将有望推动元宇宙加速发展。

从内容起步，角逐元宇宙

当前，游戏移动化、精品化、全民化趋势已经显现。但是，作为元宇宙的初级形态，单机游戏在沉浸感、自由度和内容衍生方面相比于元宇宙仍有较大的提升空间。其中，内容衍生具有更重要的意义。究其原因，元宇宙的起点不是平台，而是可以独立成篇、自我迭代、多维立体地吸引用户参与体验甚至参与内容的创作。

搭建元宇宙需要从内容起步，从内容走向平台，把小宇宙膨胀成大宇宙，而不是一上来就拉开搭建平台的架势，试图凭空创造一个无边无垠的宇宙。因此，为了实现从游戏向元宇宙的跃迁，不同的游戏大厂则采用了不同的路径，包括完全自生产（PGC）、自生产＋二次创作（PUGC）及玩家生产（UGC）。

完全自生产的游戏以厂商自建平台所有内容、玩家参与互动为特点，为用户提供高沉浸度和自由度的探索体验。以 Take-Two 旗下的经典游戏《GTA5》为例，游戏试图打造一座虚拟城市，一个细节丰富且高度自由的大地图"洛圣都"。玩家在推进主线剧情的过程中可以自由探索城市的细节，参加一系列非线性的支线任务，驾驶改装载具进行街头竞速，以及进行一系列现实世界中无法完成的操作等，通过模拟真实城市场景和高自由度的探索为玩家带来强大的沉浸度。

根据 Take-Two2020 年报的数据，《GTA5》的全球累计销量目前已经突破 1.45 亿份，得到广大游戏用户的认可。此外，完全自生产的游戏还包括由 CDPR 推出的端游《巫师》系列和由米哈游推出的手游《原神》等，同样取得了良好的市场表现和游戏口碑。可以预见，随着未来游戏引擎能力的持续升级，元宇宙有望实现更加拟真的渲染效果和丰富的场景细节，元宇宙也将摆脱常规的地图边界，实现一个彻底开放的世界。

自生产 + 二次创作的游戏则以类"超市"的形式展开，既有自有产品，也有外部产品。以 Mgjang Studios（2014 年由微软收购）打造的 Minecraft 为例，其创作具有弱中心化、基本故事性和高自由度等特点，与平台用户共同生产内容。

玩家可以在随机生成的 3D 世界中探索、交互，通过采集矿石、与敌对生物战斗等方式合成新的方块，收集各种在游戏中找到的物品。同时，它还允许玩家在多人 / 单机模式下创造建筑物、作品与进行艺术创作，并且通过红石电路、矿车及轨道实现逻辑运算与远程动作。Minecraft 充分的自由创作空间也因此吸引了大量玩家。根据网易的官方数据，目前该游戏手游和端游玩家合计超 4 亿人，并且拥有大量优质创意资源。

玩家生产的游戏由平台提供 Marketplace，所有玩家可以自由生产与交易。Roblox 是最具代表性的允许玩家生产的游戏，其提供简洁实用的创作工具，帮助内容创作者产出丰富有趣的 UGC 游戏内容。玩家通过自定义形象、社交和丰富的游戏内容而沉浸在 Roblox 平台

中。近年来，Roblox加速发展，成为风靡全球青少年群体的在线游戏平台。

Roblox：基于 UGC 生态，拓展元宇宙边界

2021年3月，开放式游戏创建平台Roblox上市，成为"元宇宙第一股"，首日股价大涨54%，市值突破400亿美元，较一年前的40亿美元估值暴增10倍。随后，一连串相关的融资和战略加快部署，元宇宙成为资本市场和科技企业最炙手可热的概念之一，大有开启"元宇宙元年"之势。

沙盒游戏领导者

备受资本青睐的Roblox公司位于加利福尼亚州圣马特奥县，成立于2004年，最初从儿童教育领域起家，后来成为了一家沙盒游戏公司。沙盒游戏，由沙盘游戏演变而来，自成一种游戏类型，通常游戏地图较大，往往包含多种游戏要素，包括角色扮演、动作、射击等。创造是该类型游戏的核心玩法，利用游戏中提供的物件制造由玩家独创的东西，改变（或影响）甚至创造世界。沙盒游戏大多无主线剧情，普遍以玩家生存为第一目标，以探索和建设为第二目标，最后以改变

世界并达成某项成就为最终目标。

从发展历程看，Roblox 先后经历三大发展阶段，通过客户端主体更新、开发平台端迭代及经济体系升级实现产品端突破，加速商业化及国际化进程。

在 2004—2012 年的第一阶段，Roblox 初步搭建了平台及社区架构。公司于 2004 年由 David Baszucki 及 Erik Cassel 创立。他们曾创办过模拟物理实验教学的软件公司 Knowledge Revolution。这使 Roblox 具备一定"自建实验"的基因，也奠定了其 UGC 属性。在这一基础上，公司初步搭建起平台架构，在 2006 年推出第一版 Studio 及测试版客户端，并于 2007 年推出虚拟货币 Robux 以建构内部经济系统。

在 2013—2015 年的第二阶段，Roblox 开启商业化进程，持续迭代引擎。公司商业化的典型标志是在 2013 年引入创作者交易计划，创作者可通过微交易、游戏内销售虚拟商品等方式来获得 Robux，这一转变使玩家及创作者两端贯通。此外，公司亦持续迭代引擎并完善基础设施建设，于 2014 年建立首个数据中心，并加强全球服务器架构。

2016 年至今为第三阶段，Roblox 加速商业化与国际化进程，持续完善引擎与社区建设。随着 Roblox 在 2016 年接入 Xbox 及 Oculus，公司基本完成 pc、移动、主机及 VR 等设备终端跨平台布局。在此基础上，Roblox 一方面加速商业化进程，于 2019 年推出 Premium 付费会员制，并上线 Avatar 虚拟物品交易市场；另一方面，Roblox 继续加速国际化进程，进入南美、俄罗斯等市场并与腾讯成

立合资公司。

同名平台 Roblox

Roblox 旗下的同名产品 Roblox 则是一个提供在线游戏和游戏创作的平台，在 2006 年正式推出。游戏中的大多数作品都是由玩家自行创作的。在游戏中玩家可以开发各种形式类别的游戏，实现了一个游戏多种玩法。

Roblox 主要面向儿童和青少年群体，旨在网络中提供一个适合青少年创作和游戏的场所。Roblox 的创始人 David Baszucki 和 Erik Cassel 以"游戏＋教育"为出发点的早期创业经历为 Roblox 在青少年群体中受到欢迎奠定了基础。

2020 年全年 Roblox 9 岁以下 /9 ～ 12 岁的用户占比达 25%/29%，13 岁以下的用户合计占比为 54%，用户构成较为低龄化。但是，平台用户持续向更高年龄段渗透，2020 年 13 岁以下 /13 岁及以上的用户 DAU 同比增长率为 72%/106%，较高年龄段用户占比正在逐渐提升。

Roblox 产品包含用户共有的虚拟体验平台 Roblox 客户端、Roblox Studio 和 Roblox Cloud。Roblox 客户端是允许用户探索 3D 数字世界的应用程序，Roblox Studio 是为开发者和创作者构建的工具集，允许开发者创造、发布和运营 3D 体验，以及通过客户端访问其他内容，Roblox Cloud 则包括为 Roblox 的用户共同体验平台提供支持的服务和基础设施。

Roblox 客户端：沉浸式体验

　　Roblox 客户端在多种设备上为玩家提供一致的、沉浸式虚拟形象，打造极强的代入感和身份感。Roblox 内置 Avatar Editor 形象系统，支持玩家修改、设计、创造其虚拟身份的肢体形象、服饰、动作等特征，玩家也可以从商店中购买已经设计好的特定形象。Avatar Editor 为玩家提供极大的自由度以使其形象个性化，Roblox 会在各种设备中适配玩家已经设定的形象，确保在绝大部分游戏体验中保持玩家形象的一致性。

　　此外，Roblox 平台既有枪战、格斗、跑酷等传统玩法的游戏，也有很多很难用约定俗成的品类来定义的游戏。例如，在《Adopt Me!》中可以领养孩子或者宠物，通过照顾他们获得资源装修房屋及购买道具，和其他用户交朋友、开派对，在《Robloxan High School》中可以扮演皇家公主在学院上课、参加舞会等。

　　除游戏外，Roblox 重点加注虚拟社交属性，Roblox 不仅是个游戏平台，同时也是个虚拟社交平台。平台拥有大量社交属性游戏。在 2020 年新冠肺炎疫情期间增加了"查看附近玩家""线上会议""Party Place""虚拟音乐会"等玩法，进一步促进游戏内虚拟社交活动的发展。

　　目前，Roblox 支持 iOS、Android、PC、Mac、Xbox，以及 Oculus

Rift、HTC Vive 和 Valve Index 等。Roblox 确保玩家只需要接入互联网就能够以极低时延进入虚拟世界并开始与其他玩家互动，Roblox 在多种设备上的兼容性、一致性，以及用户形象的个性化方面为玩家提供了极强的代入感和身份感。

Roblox Studio：多平台部署

Roblox Studio 是一个允许游戏开发者和虚拟物品创作者创造、发布和运营 3D 体验及其他内容的工具平台。Roblox Studio 兼具低成本、易使用的特点，平台社区为开发者提供了强大的支持，有效降低了游戏开发的门槛。Roblox Studio 的主体本质是一个开放的游戏引擎。游戏引擎是指一些已编写好的可编辑计算机游戏系统或者一些交互式实时图像应用程序的核心组件。这些系统为游戏设计者提供编写游戏所需的各种工具，其目的在于让游戏设计者能容易和快速地编写游戏程序而不用从零开始。游戏引擎包含以下系统：渲染引擎（包含二维图像引擎和三维图像引擎）、物理引擎、碰撞检测系统、音效、脚本引擎、计算机动画、人工智能、网络引擎及场景管理等。

Roblox 使用 RBX.Lua 语言开发，完全免费且学习成本极低。Roblox 的前后端开发语言都是 RBX.Lua。引擎本身已经包含了很多功能，如背包、聊天、组队等，开发者可以直接使用这些功能。Roblox 在客户端与服务器上都有很完善的框架，开发者在不了解复杂游戏框架的情况下，也能快速上手并进行开发。与市面上的主流游戏引擎

Unity、Unreal 等对比，Roblox 目前虽然画质较为粗糙，但开发完全免费，自由度大，开发语言学习难度低，更加适用于打造 UGC 社区。

Roblox Studio 为开发者提供开发者中心（Dev Hub）、新手教程、社区论坛、教育者中心（Edu Hub）和数据分析工具等多方面支持。开发者中心配套 API 库、教程集合等多种实用资源。社区论坛是专为开发者提供的交流平台，提供关于平台新功能、社区活动、招聘机会、程序错误报告的信息和与 Roblox 员工直接交流的通道。教育者中心为正在学习编程的教师、学生和家长提供编程教程、3D 设计和社区规则的指引。所有 Roblox 的开发者都拥有一个展示其每日访问量和赚取 Robux（平台虚拟货币）的界面。除了游戏创作与开发，Roblox Studio 还为开发者提供发行、渠道等全套服务。区别于传统的游戏引擎，其开发者只需要专注于游戏创作与开发，平台能够提供数据后台、运维容灾、好友聊天、网络通信等服务和游戏的发行渠道。庞大的开发者生态为 Roblox 平台提供了多元化的玩法和不同题材的游戏，满足了玩家快速尝试不同游戏的欲望。2020 年，Roblox平台的玩家平均每月会在 Roblox 平台上打开 20 款游戏，合计体验了超过 1300 万款游戏。从 Roblox 平台流水最高的游戏品类上看，这体现了 Roblox 平台玩家对于不同玩法及题材均具有较高的接受度。

在 Roblox 平台流水最高的 15 款游戏中，包括了非常多元化的品类。不但有 MMO、FPS 等主流品类，同时也包含宠物社交、跑酷等小众品类。从题材上看，不仅有面向平台低龄玩家的校园、宠物题材，也有面向非低龄玩家的动漫题材。

Roblox Cloud：即点即玩

Roblox 拥有基于自有基建的云架构 Roblox Cloud。Roblox Cloud 运营的大部分服务都托管在 Roblox 数据中心，对于一些高速数据库、可扩展对象存储和消息队列服务，以及需要额外计算的资源时，Roblox 使用亚马逊云计算服务（AWS）。所有负责为 Roblox 客户端模拟虚拟环境和传输素材的服务器均归 Roblox 所有，并且 Roblox 数据中心广泛分布于北美、亚洲和欧洲的 21 个城市，具有较强的容灾能力。

据 Portworx 报道，Roblox Cloud 采用基于自有基建的混合云架构、Roblox 数据中心与边缘计算节点向外连接用户和部分 AWS 外部云服务。即点即玩，有望实现全球同服。Roblox Cloud 支持客户在不同设备上快速开启体验，用户点击游戏后客户端将以较低细节程度立刻开始模拟和渲染虚拟世界。随着用户接收到更多的高细节素材，拟真度逐渐增加。

Roblox Cloud 通过分布于不同地区的网络节点传输素材，调整素材的格式、细节度和优先级以优化客户端可用的带宽和功能。目前所有虚拟环境的模拟均在 Roblox 自有的服务器中执行。Roblox 公司在招股书中披露，目前支持数百万人同时在线，随着未来服务器能力的进一步提升，有望实现全球同服。

元宇宙第一股

2021 年 3 月 10 日，Roblox 成功通过 DPO 直接以上市方式登陆纽交所，上市首日公司股价收涨 54%。基于现象级的内容创作生态带来的游戏自由度和出色的用户活跃度，Roblox 也成为现阶段公认的元宇宙雏形。Roblox 是第一个将 Metaverse 写进招股说明书的公司，这种全新的叙事模式引爆了科技和投资圈，也引发了玩家无限的想象。

首先，Roblox 开发者社区活跃，创作者激励充分。截至 2020 年，共有 127 万人通过在 Roblox 开发游戏获得收入，845 万个游戏获得了玩家的访问。3 位开发者获得了超过 1000 万美元的分成，272 个游戏参与时长超过 1000 万小时，头部效应初显。同时，Roblox 仍然能够满足玩家的长尾需求，Top50 ～ Top1000 的中腰部游戏总计参与时间占总参与时间的 34%，Top1000 以外的长尾需求占总参与时长的 10%。Roblox 游戏内容丰富，内容更新迭代活跃，据公司招股书披露，在 2015—2020 年期间排名最高的一批游戏中，近一半于前两年制作，近三分之一于当年制作。

创作者能够在平台上通过售卖体验（游戏）、基于用户参与度贡献的创作者奖励、向其他开发者销售开发工具和内容、在虚拟物品（装饰、动作等）市场上出售商品等方式获取收入。创作者赚取的收入将留存在其虚拟账户上，满足一定条件的开发者将能够通过开发者兑换项目（Developer Exchange Program）获取美元收入。2020 年，共有 4300 名开发者通过该项目获取了 3.29 亿美元收入。

其次，Roblox 拥有大量社交属性游戏，社区氛围浓厚。Roblox 游戏多数较为轻度，游玩门槛较低，一般用户均可参与，在手机、计算机等多端设备均可即点即玩。游戏强调与线上线下朋友实时互动，具有浓厚的休闲社交氛围。

根据 Bloxbunny 的统计，截至 2021 年 6 月 15 日的 30 日内访问量排名前五的游戏中有三款均为社交 MMO 游戏。排名第一的 BrookhavenRP 同时在线人数达 39.57 万人。Roblox 平台本身也具有强社交属性，玩家在各游戏中拥有一致的虚拟形象，能够加好友、聊天，同时开设"一起玩""PartyPlace"等新社交形式，丰富平台社交体验。

最后，Roblox 已经形成由活跃的开发者生态和用户生态带来的飞轮效应。公司致力于打造优质的 UGC 游戏平台，活跃的开发者社区增强了平台对用户的吸引度，更多的用户在平台游玩、消费并为内容创作者带来丰厚的收入，从而激励更加活跃的开发者生态，形成飞轮效应。此外，平台社交属性强，用户活跃度高，Roblox 通过强大的社交关系保持了较低的获客成本和极强的社区黏性。

2019 年以来，公司营销费用率呈下降趋势，但日活跃用户数量（DAU）同比保持快速增长，表明平台获客并不依赖于广告营销，更多依靠口碑与社交自然增长。据 Broadband Search 报道，各大社交媒体的单日活使用时长均在 20 ～ 60 分钟，而 2021 年第一季度 Roblox 单日活使用时长达 153 分钟，展现了极强的用户黏性。

Axie Infinity：构建元宇宙闭环经济系统

Axie Infinity 是一款基于以太坊区块链的去中心化回合制策略游戏，玩家可以操控 NFT 小精灵（Axies），进行饲养、战斗、繁殖及交易。区块链游戏将游戏中的数字资产转化为 NFT，凭借区块链技术不可篡改、记录可追溯等特点，记录产权并确保真实性与唯一性，游戏资产交易不依靠公司平台也有安全性保证。Axie Infinity 中每一只小精灵均为一个独特的 NFT，所有权及交易记录均在链上公开显示。

通过构建完整的"在以太坊购买 NFT 小精灵开始游戏—通过在游戏内活动、对战等方式获得 SLP 币—使用 SLP 币升级 NFT 小精灵或出售 SLP 币—出售 NFT 小精灵"的玩家进入和退出的游戏模式，并辅以游戏外的 AXS 币、交易所、社区共同基金等设计，Axie Infinity 得以成为第一款建立在 NFT 上并取得大量营收的游戏产品。

ETH、SLP、AXS

Axie Infinity 生态中目前涉及 3 种核心 NFT 代币：ETH、SLP、AXS。

ETH：游戏生态与外部经济体系的唯一交互点。参与游戏的前提

是拥有一个包括 3 个小精灵的队伍（按照目前的市场价，入场费最低约 4000 元人民币）。小精灵只能通过交易、孵化、赠送三种方式获得，新手玩家想要进入游戏，就只能用 ETH 进行购买。同时，成功卖出小精灵的玩家将承担 4.25% 的 ETH 作为交易手续费。

SLP：玩赚（Play-to-Earn）的最主要盈利模式。SLP 通过人机对战（PVE）或玩家对战（PVP）获得，每天每个账号的 SLP 获得上限总计 75 个（PVE 获得上限为 50 个，5 场 PVP 胜利及 10 场 PVE 胜利后可领取 25 个 SLP）。玩家获取的 SLP 主要用于繁育新一代的小精灵或者直接卖掉。通过游戏内战斗或日常任务获取 SLP，积累 SLP 达到小精灵购入价值是游戏内最主要的盈利模式。

AXS：官方治理通证。AXS 能且只能通过每个月的排位奖励获得，同时游戏中仅繁育过程需要消耗 AXS。并且，AXS 持有者可以通过质押 AXS 的方式来参与平台治理的投票。AXS 宇宙由玩家、AXS 持有者、Axie 宇宙及 Axie 社区共同基金构成。

AXS 作为 Sky Mavis 发行的数字货币，代表了整体 Axie 宇宙，也构成了 Axie 宇宙玩家间交互的最基本货币。在游戏内，玩家通过游戏和交易获得 AXS，通过游戏与培养宠物花费 AXS。在游戏外，持有 AXS 的玩家可以投资 Axie 社区共同基金，并且根据份额获得对游戏决策的投票权及游戏提供的收益。因此，在这一经济体系下，AXS 形成了一个完整的闭环经济系统。游戏收益不再被开发商垄断。AXS 的总发行量为 2.7 亿枚，且永不增发。

打造平衡的 Axie 宇宙

育成系统是 Axie 宇宙完成闭环的重要节点。玩家能用 2 只小精灵配对繁殖出新的小精灵，它的属性根据父母基因随机而定。但是，每只小精灵只有 7 次繁殖机会，这也会成为影响出售价格的因素。每只小精灵都有 4 个基本属性，属性偏重的不同决定了该只小精灵在战斗中的属性。另外，每只小精灵由 6 个部位组成，它们决定了能够使用的技能卡牌。这些部位被 3 个基因控制，分别是显性基因 D、隐性基因 R_1 和次隐性基因 R_2。

复杂的遗传系统配合遗传次数限制与继承的随机性，大大提高了育成一只完美小精灵的难度。复杂的属性与技能搭配，让小精灵之间产生了变化，也让玩家有了不断向上提升的空间。而当一只小精灵的繁殖机会耗尽时，也意味着过去在其身上投注的资源付诸东流。

育成系统中，SLP 的出现其实让游戏形成了闭环，SLP 有产出渠道，也有消耗渠道，且可以交易。这就为广大普通用户提供了赚取收入的渠道，因为任何一个新小精灵的诞生都需要消耗 SLP，且繁殖次数越多则消耗量越大，对于基因比较好的小精灵来说，后期繁殖时的消耗量将会比较可观。小精灵的不断诞生，为新玩家的进入提供了丰富的可选小精灵，且属性不错的小精灵一般都不便宜。这为不断诞生新的小精灵提供了动力，也为不断消耗 SLP 提供了动力。

此外，战斗机制则为 Axie 宇宙增加了玩法的多样性，是玩家主要的盈利方式。游戏最重要的收益来源于游戏的 PVE/PVP 每日任务。玩家通过小精灵战斗获得 SLP 代币奖励，进而投入小精灵繁殖。Axie

Infinity 中的游戏数据相对平衡，战斗牌组由 3 只小精灵的 12 张技能牌组成。起始有 6 张牌和 3 点能量，之后每回合抽 3 张牌，增加 2 点能量。

同时，在对战过程中根据不同的战局环境，判断具体应该使用什么特效也非常关键。每回合较多的抽卡数量与不弃牌的机制，最大程度上减少了战斗过程中的随机性，更考验玩家牌组技能配置的合理性与针对性。相较于以往完全侧重于交易属性的区块链游戏，Axie Infinity 明显提升了可玩性。交易人群不再局限于相互转手牟利的玩家，还包括真正想要收集用于对战的强力小精灵的玩家，进一步增强了资产的保值性与交易市场的活力。

Axie Infinity 市场曾在 30 日内交易了 170 万次，总交易额达 10.4 亿美元，远远超出其他所有同类游戏，平均每只小精灵的售价达 611 美元。在交易过程中，Axie Infinity 收取 4.25% 的税，这也是游戏的第二大收入来源。在官方市场上可以直接购买小精灵，目前显示的待售总数约 23 万只，可以通过筛选框选择不同种类的小精灵进行购买，不同种类的小精灵具有不同的特性，需要进行合理的搭配。

区块链游戏中的 Top1

在平衡的 Axie 宇宙下，Axie Infinity 稳居链游 Top1，碾压头部传统游戏，月收入高歌猛进。Axie World 的数据显示，Axie Infinity2021 年 8 月收入达 3.64 亿美元，较 7 月收入 1.96 亿美元环比增长逾

85%。其 8 月收入仅次于以太坊，后者收入为 6.7 亿美元，稳居链游Top1。同时，Axie Infinity 的成功也标志着区块链技术在游戏领域实现商业化突破，其月收入已经远超全球游戏收入榜中王者荣耀的 2.31亿美元（2021 年 7 月）。

Axie Infinity 直接链接开发商与玩家，95.75% 的收入通过代币形式赋能社区玩家，每一个玩家都能够实现 Play-to-Earn。并且随着游戏的发展，玩家都可以享受发展的红利（社区共同基金），同时可以通过持币投票（DOA 社区治理）。这一系列的机制创新极大程度上激励了传统的游戏玩家向区块链游戏进军。Axie Infinity Twitter 账号公布的数据显示，其日活跃用户已经突破 100 万人。

除去游戏业务外，游戏开发团队 Sky Mavis 目前的主营业务还包含三大类：区块链游戏孵化器、数字货币钱包和以太坊的侧链 Ronin。

Lunacia SDK 是 Sky Mavis 承诺在 2022 年推出的玩家开发工具，它初步将作为一个地图编辑器，玩家可以用素材来创建游戏。从长期角度看，这是对 Axie 宇宙的重要补充，让玩家从游戏的体验者进一步转变为未来内容的生产者，在 Axie 世界实现全面交互。

Sky Mavis 在拓展生态合作方面也一直在坚持尝试，为 Axie 积极拓展出圈的机会。在游戏经济系统设计上尝试与 DeFi 进行项目合作，将与实体货币直接挂钩的稳定币纳入游戏生态，极大提升了用户的使用体验。2020 年与三星区块链钱包的合作，让项目得到了更大的曝光机会。

目前，Axie Infinity 推出的整体生态环境，包括玩家投票权、社区基金控股游戏及 Lunacia SDK 等。按照游戏开发团队 Sky Mavis 在

白皮书中预想的计划，到 2023 年，开发团队将会失去对 Axie Infinity 的绝对投票权。届时，游戏将会由持有 AXS 代币的玩家掌控主导，完成去中心化。如果一切照常发展，这也将成为游戏史上第一个完全去中心化，并且拥有自给自足生态系统的游戏。

Fortnite：虚实交互走向元宇宙

当前，互联网虽然建立在开放共享的标准上，但大多数巨头（如 Google、Facebook、Amazon 等）均抵制数据交叉和信息共享，希望建立自己的壁垒从而圈定用户，这与元宇宙平台互通、内容共享的标准相违背。

显然，要打造一个共享的宇宙，最重要的元素之一就是无障碍互通。就像各国之间的货币可以兑换，用户在这一平台里购买或者创建的东西需要无障碍转移到另一平台并且可以使用。《堡垒之夜》作为一款大逃杀游戏，就成功实现异端跨服以及与现实生活的交叉。

一个全新的社交空间

事实上，早在 2011 年，Epic Games 就在 Video Game Awards 大

会上展示了《堡垒之夜》，《堡垒之夜》起初是一款定位于破坏、建造和射击的 PVE 游戏，用以展示该公司同年推出的虚幻 4 引擎（UE4）的强大能力。在游戏中，玩家必须熟练掌握游戏内的建造技巧，更多地在白天从世界各地搜集优质建材来不停优化自己的堡垒，以抵御并击退黑夜降临后一波又一波来袭的敌人。

6 年之后，也就是 2017 年 7 月 21 日，《堡垒之夜》正式被推出。除 PC 版本外，还在 PS4、Xbox One 两大主机平台发布，售价从 39.9 美元至 149.9 美元，推出了普通版、豪华版、超级豪华版及限定版等多个版本。于是，凭借吃鸡、建造、社交等综合玩法以及对年轻人喜好的准确把握，《堡垒之夜》在欧美地区迅速火爆，成为了现象级游戏。在 2020 年 5 月官方的数据中，注册人数已经突破 3.5 亿人。

从元宇宙的角度来看，一方面，《堡垒之夜》具备平台互通性与内容共享性；另一方面，《堡垒之夜》也实现了虚拟世界与现实世界交互。Epic Games 成功说服各主流游戏平台允许《堡垒之夜》跨平台运作，各版本中的规则、竞技功能和画风没有差别，手游端用户可以与 PC 端或主机玩家一起玩，玩家在任一个平台登录时都可以使用其他版本中已有的皮肤或道具。

《堡垒之夜》能够让各种现实生活中的 IP 同地同时上线，进一步模糊了游戏和现实的界限。正如颠覆童话的美剧《童话镇》，每一个童话故事都不是割裂的，白雪公主、阿拉丁、灰姑娘等生活在一个共同的童话镇，有相互交织的故事线。

《堡垒之夜》逐渐演变成社交空间，实现游戏与现实生活的交叉，成为自主游戏。简单来说，就像人们日常的生活一样，当人们

有一个空闲的下午并且可以聚在一起的时候，他们并不会预设去玩某种游戏（非特指电子游戏），即便是开始了某种游戏，也不会拘泥于特定规则。《堡垒之夜》为人们提供了一个自由、开放的场地。

卫报记者兼畅销书作家 Keith Stuart 在谈论《堡垒之夜》时，曾拿它与20世纪70年代末至20世纪80年代初的孩子的滑板场做类比，"它遍布于庄园、购物中心、工厂和农场，以及很多开阔的乡村空间。阳光穿过树林，蝴蝶在飞舞。你可以选择组成一个四人小队，合作完成任务。而且因为你花了大部分时间探索房屋以找到有用的物品和武器，你会得到'停留时间'来聊天。谈话内容经常会偏离游戏，所以《堡垒之夜》就像一个滑板场——一个社交空间和运动场地。"

人们可以选择在岛屿中漫步或跳跃，从幽灵山的幽灵教堂塔楼探索到 Shifty Shafts（《堡垒之夜》地图中的一个地点）的迷宫隧道，还可以在迪斯科舞厅里跳舞。Pleasant Park（《堡垒之夜》地图中的一个地点）中甚至有一个供玩家进行比赛的足球场。它为人群提供了一个安全的、可以漫游闲逛的地方，为线上的人们提供了全新的社交场所。

作为一款最多可以有100人参与的竞技游戏，《堡垒之夜》又与其他竞技游戏不同，社交是《堡垒之夜》中的一个核心元素。面对游戏中的任务，玩家需要通过公会、团队等不同形式的组织与其他玩家协同合作，共渡难关。在玩家社区中，每位玩家都需要付出各种形式的劳动力以获取自己所需的物品，并以此形成了较为原始的市场。在一个虚拟的社会团体中，通过游戏连接到一起的玩家们运用特定领域的知识互通技能、经验和资源，相互竞争和合作。

可以说，《堡垒之夜》已经成为了目前最接近"元宇宙"的系统，它不完全是游戏，而是越来越注重社交性，演变成一个人们使用虚拟身份进行互动的社交空间。截至 2020 年 4 月，3.5 亿名注册用户的总游戏时长超过 32 亿小时，是世界上游戏时间（在线时间）最长的游戏。

2019 年 2 月，棉花糖乐队举办了《堡垒之夜》的第一场现场音乐会。2019 年 4 月，漫威的《复仇者联盟：终局之战》为《堡垒之夜》提供一种新的游戏模式，玩家扮演复仇者联盟与萨诺斯作战。2019 年 12 月，《星球大战：天行者的崛起》在《堡垒之夜》举行了电影的"观众见面会"，导演 J. J. Abrams 接受了现场采访。2020 年 4 月，美国说唱歌手 Travis Scott 通过全球各大服务器上演了一场名为 Asronomical 的沉浸式演唱会，有 1700 万人同时观看，并且引发了社交媒体的疯狂传播。娱乐之外，《堡垒之夜》中的经济活动更活跃，玩家可以创建数码服装或表情，从而出售并获利，还可以创建自己的游戏并设计情节，邀请别人来玩。

构建数字化生态系统

《堡垒之夜》的游戏开发商 Epic Games 是一家总部位于美国的互动娱乐公司和 3D 引擎技术提供商。除了现象级游戏《堡垒之夜》，Epic Games 还开发了虚幻引擎，广泛应用于游戏、电影电视、建筑、汽车等行业。Epic Games 也推出了 Epic Games 商城、Epic 在线服务

等内容分发系统，同虚幻引擎一起，为开发者和创作者构建了数字化生态系统。

虚幻引擎：降低门槛，让开发者专注于内容

虚幻引擎起源于 Epic Games 早期的自制游戏 Unreal，从 1999 年正式面向开发者后，虚幻引擎经过了 20 年的不断迭代升级，已经成为基于物理渲染（Physical Based Rendering，PBR）的核心商业引擎，特别是在提供 3D 写实风格的数字画面效果上具有技术领先性。

在游戏开发过程中，有一些较为通用的需求，例如，通用渲染、地形、模型导入与生成、动画、调试、构建等。早期的一些开发者将这些技术抽象成通用功能并集合推出，成为最早的引擎。随着技术的不断发展，引擎的功能不断完善，其配套的开发工具、可用性、易用性逐渐提升，逐步成为游戏行业的底层基础。

相较于其他的引擎，虚幻引擎的优势主要体现在高品质 3D 写实风格的内容创作上。创作者可以使用虚幻引擎创建、修改并实时渲染逼真的 3D 效果。虚幻引擎在技术深度和前沿技术探索覆盖方面广受业界关注，特别是在工业化和自动化生产方面的积累，是未来能够高效创作高质量内容的稳健保障。

Epic Games 于 2020 年公布了虚幻 5 引擎预览视频，并介绍了其全新功能特点，随即受到游戏行业的高度关注。Epic Games 明确表示虚幻 5 的最终目标是让所有行业的创作者都能制作实时内容并体

验。一是提升引擎的表现效果，营造出"次世代"应有的画面表现力；二是改善迭代效果，让制作者可以将在编辑工具中做的任何改变都能轻松迭代到各种目标设备组织平台上，基本做到"所见即所得"，这也是目前引擎的一个主要优化方向；三是降低门槛，通过提供更丰富、更完善的工具来帮助小团队，甚至是个人去完成高品质的内容。

当前，虚幻 5 引擎已于 2021 年开放 Early Access 版本，主要面向游戏行业，预计将于 2022 年发行完整版。

Epic 在线服务：让游戏可以跨平台运行

2019 年，Epic Games 开始提供 Epic 在线服务（Online Services），将这一套基础设施和自己的账户体系免费对外开放，允许外部开发者使用并在上面构建自己的多人在线游戏。开发者接入后可以在全平台支持多种账号登录、聊天、成就、匹配、跨平台联机、跨平台数据互通等功能，并且开放给所有游戏引擎接入。

这意味着，外部开发者可以免费获得 Epic Games 的庞大用户，包括登录系统、好友系统、成就和排行榜。使用 Epic 在线服务可以不用考虑平台差异，让游戏跨平台运行。并且，这对于中小游戏开发商有极强的支持作用，使其在有相关需求的情况下可以省去大量的工作。

Epic 游戏商店：连接用户与厂商

2018 年底，Epic 游戏商店（Epic Games Store，EGS）在 Windows 平台推出，玩家可以在商店中购买、游玩游戏，也可以付费进行内购。EGS 对于玩家的吸引力主要在于其内容的丰富度、一些 PC 独占游戏，以及每年度进行的 Mega Sale 活动，活动会免费赠送付费游戏或免费游戏的内购内容，同时提供一系列的折扣。

EGS 对于发行商的吸引力则主要在于其低于行业平均水平的分成比例。全球比较主流的游戏分发商店，如 Steam、App Store、Google Play 等都收取 30% 的分成比例，EGS 只收取 12%，如果产品是使用虚幻引擎制作的，还可以用商店分成抵充引擎分成费用。

EGS 通过和开发者合作，用免费赠送的形式来为他们获得更多受众，进而收获更多的反馈。对比其他平台，EGS 背靠的是整个 Epic Games 生态布局，而 EGS 作为整个生态的一环，同样有着为整个行业构建正向循环的愿景。

第六章

头号玩家
花落谁家

在移动互联网用户红利已经见顶的今天，寻找继广播电视、PC互联网、移动互联网之后的新世代交互载体进行布局，成为开启新一轮传媒互联网红利阶段的必然。

在这样的背景下，元宇宙作为"通过虚拟增强的物理现实，基于未来互联网的、具有链接感知和共享特征的 3D 虚拟空间"被广泛关注。"元宇宙"概念的出现让人们看到了"下一代互联网"的曙光，它也成为了当前的行业风口，巨头争相入局元宇宙旨在抢占先机。

伪风口，还是真未来

2021 年 3 月，Roblox 登陆资本市场，被认为是元宇宙行业爆发的标志性事件，立时掀起元宇宙概念的热潮，资本闻风而动。紧接着的 4 月，风靡全球的游戏《堡垒之夜》母公司 Epic Games 获得新一轮 10 亿美元的融资，成为 2021 年以来元宇宙领域最高的融资。在国内，2020 年 10 月打造大火国产独立游戏《动物派对》Demo 的 VR工作室 Recreate Games，投资方根据元宇宙概念也给出了数亿元估值，其身价瞬间翻倍。

与此同时，各大互联网巨头携大额筹码入场，多家上市公司在互动平台上表示，已开始布局该领域。例如，Facebook、字节跳动、腾讯、网易、百度等一众互联网大厂。是什么让 29 年前就已经出现的元宇宙的虚拟现实世界的概念在 29 年后突然火爆？元宇宙概念，究竟是伪风口，还是真未来？

资本寻找新出口

信息技术的发展让人类社会从物理世界迈入数字世界。20 世纪 90 年代，数字革命方兴未艾，开启了第一次数字经济的热潮。其中，数字技术主要在消费领域进入大规模商业化应用，门户网站、在线视频、在线音乐、电子商务等主要商业模式的终端用户几乎都是消费者，这一阶段也因此被称作"消费互联网"，"消费者平台"就是消费互联网时代的重要底座。

然而，随着互联网的发展和普及以及用户使用习惯的养成，移动互联网用户时长增长势头有所放缓，消费互联网红利正在逐渐减退。2020 年新冠肺炎疫情进一步扩大用户线上化进程，用户时长短期或将逐步见顶。QuestMobile 的数据显示，2015 年至 2020 年中国网民月均互联网使用时长不断增长，2020 年 4 月网民平均月上网时长达到 144.6 小时，相较于 2015 年同期延长了 54.8 小时。QuestMobile 的数据显示，2018 年 1 月至 2020 年 6 月用户使用短视频的时长稳步增长。

在这样的背景下，由于元宇宙蕴含重要的投资机会，元宇宙成为资本的新出口。例如，在 5G 云游戏方面，云计算技术提升推动云游戏进入预热阶段，5G 将弥补传输短板并带动云游戏全面发展，驱动消费娱乐化的普及程度持续提升，打破时间、地点、终端对于各类传

媒互联网服务的限制。

当前，国内外互联网巨头及游戏厂商正在持续加码云游戏布局。国内以移动云游平台为切入，国外关注跨平台机会，云游戏平台的拓展将培养用户订阅付费的习惯，云游戏平台的入场或将进一步推动游戏行业"内容为王"。中国音数协游戏工委预计，至 2030 年中国云游戏用户规模有望达到 4.4 亿人，2030 年云游戏在全部游戏用户中的渗透率将达 54.3%；2030 年中国云游戏市场规模有望达到 395.3 亿元，2020—2030 年复合增长率将达到 44.6%。

VR 硬软件技术日趋完善，商业场景逐步落地，内容重要性不断提升。2019 年下半年以来，随着 VR 内容生态的完善以及技术的持续迭代，以 Facebook 为代表的 Oculus 产品广受用户好评，科技巨头纷纷布局 VR/AR，行业进入高速发展期。

Facebook Oculus Quest2 的推出受到市场广泛好评。Oculus 系列是 VR 领域最重要的产品之一。与第一代 Oculus Quest 相比，Oculus Quest2 更轻薄，售价从 299 美元起，比上一代便宜了 100 美元，高性价比的产品也受到了市场的欢迎。扎克伯格认为，当 VR 的活跃用户达到 1000 万人时，VR 生态才能获得足够的收益。毋庸置疑，VR 眼镜的应用需求还将随着元宇宙的发展继续攀升。

用户期待新体验

人类对虚拟世界确实有需求。米兰·昆德拉说："人永远都无法知道自己该要什么，因为人只能活一次，既不能拿它跟前世相比，也不能在来生加以修正。没有任何方法可以检验哪种抉择是好的，因为不存在任何比较。一切都是马上经历，仅此一次，不能准备。"

显然，由于现实世界是唯一的，它只能"是其所是"，而虚拟世界可以"是其所不是"，从而挖掘存在的多种可能性。因此，虚构一直是人类文明的底层冲动。

正因为如此，才有了古希腊的游吟诗人抱着琴讲述英雄故事，才有了诗话本里的神仙鬼怪和才子佳人，才有了莎士比亚的话剧里的巫婆轻轻搅动为麦克白熬制的毒药。影视剧里的故事，让观众感受着别人的人生。游戏时代的来临，人们则可以通过手机和计算机扮演一个角色，以交互的方式体验成为另一个角色。

人在现实世界所缺失的，将努力在虚拟世界中进行补偿；在有可能的时候，他会在现实世界实现虚拟世界中的补偿。基于这样的"虚拟现实补偿论"，才有了 Nick Bostrom、Elon Musk 等人相信的"世界模拟"论——假定一个文明为了得到补偿而创造虚拟世界的冲动是永恒的，那么在长时段的发展中就必然会创造出一个虚拟世界，其自身所处的世界也极有可能是由上层设计者打造的。

布希亚定义了人类仿真历史的三阶段：第一阶段是仿造（counterfeit），认为现实世界才有价值，虚构活动要模拟、复制和反映自然。真实的摹本与它的仿造物泾渭分明。第二阶段是生产（production），价值受市场规律支配，目的是盈利，大规模生产出来的仿造物与真实的摹本成为平等关系。第三阶段是仿真（simulation），在此阶段，拟像创造出了"超现实"，并把真实的

摹本同化于其自身之中，二者的界限消失。作为被模仿对象的真实的摹本已经不存在，仿造物成为了摹本，虚拟与现实混淆。

元宇宙正是第三阶段，元宇宙向人们提供可以活出另一种人生的虚拟世界，在这个世界中有完整运行的世界体系。人们可以进行多种场景的日常活动，除游戏外，可以进行社交活动、购物、学术活动、休闲娱乐活动，甚至可以通过跑步机等外接设备在元宇宙中运动。如果元宇宙成为可能，人类体验更宽广人生的愿望，将迎来终极方式——以新的身份沉浸式体验另一个世界。

技术渴望新革命

人类社会经历了农耕文明、工业文明，终于在 21 世纪进入了数字文明阶段。

在农耕文明阶段，人类社会仅依赖于自然界中可以直接获取的可用于消费的物质，如植物、动物等。原始人类的居住地也是天然的或略经布置就可以遮风避雨的自然场所，如洞穴、草棚等。

农耕文明也是体力时代，工具变革仅从人发展到使用耕作工具，例如，把石块打磨成尖锐的石制手斧。猿人用它袭击野兽、削尖木棒，或挖掘植物块根，把它当成一种"万能"的工具使用。

中石器时代，石器发展成镶嵌工具，即在石斧上装上木制或骨制把柄，从而使单一的物质形态的转化发展到两种不同质性的物质复合型态的转化。在此基础上，人类逐渐开始使用石刀、石矛、石链等复合化工具。新石器时代，人类则学会了在石器上凿孔，发明了石镰、石铲、石锄，以及用以加工粮食的石臼、石柞等。

工业革命是工业文明的起点，是人类生产方式的根本性变革。在工业文明阶段，从手工制造发展至当前的机器制造，工业的发展让人类有更大的能力去改造自然并获取资源，其生产的产品被直接或间接地运用于人们的消费当中，极大地提升了人们的生活水平。

可以说，自第一次工业革命以来，工业就在一定意义上决定着人类的生存与发展。事实上，之所以在最近一百年的时间里创造的生产力比过去创造的全部生产力还要多，正是因为工业生产力的迅速发展。但不论是农耕文明，还是工业文明，人都是创造生产力价值的主体，都是人使用工具或机械来进行生产。

然而，在人类社会经历农耕文明、工业文明后，以互联网、人工智能为代表的数字技术正以极快的速度形成巨大产业能力和市场，使整个工业生产体系提升至一个新的水平，推动人类社会进入数字文明时代。与农耕文明、工业文明明显不同，数字文明是全方位的革新，是信息物理系统的深度融合，是制造技术与制造模式的全面革新。

一方面，数字文明阶段也是算力的时代，生产力的主体发生质变——机器能创造生产力价值，核心劳动力被人工智能所替代。但这一切的前提，是人工智能发展到智能化级别。在这样的背景下，一个各维度拟真的虚拟世界，现实世界的平行宇宙，或将成为人工智能训练效率和成本的拐点。

另一方面，不同于农耕文明、工业文明阶段的有限资源，数字世界的资源是无限的，边际成本将趋于零。但这需要一个打通人与人、

人与机器、机器与机器交互沟通的底层环境，只有这样才能保障算力持续地创造生产力价值，而这个环境又必然是打通虚拟与现实的。

所以，不论是人工智能迭代，还是底层的数据/信息交互的生态，都验证了元宇宙的必然性。元宇宙是未来人类的数字化生存环境，必将打造全新的数字文明。元宇宙不只是 VR/AR 和全真互联网，更是未来人类的生活方式。

回望过去的 20 年，互联网已经深刻改变人类的日常生活和经济结构；展望未来的 20 年，元宇宙将更加深远地影响人类社会，重塑数字经济体系。

元宇宙联通现实世界和虚拟世界，是人类数字化生存迁移的载体，提升体验和效率，延展人类的创造力并创造更多可能。数字世界从对物理世界的复刻、模拟，逐渐变为物理世界的延伸和拓展。数字资产的生产和消费，数字孪生的推演和优化，亦将显著作用于物理世界。

元宇宙市场有多大

随着市场的活跃，资本对元宇宙赛道表现出了极高的热情，大把"热钱"正在涌入元宇宙概念股。尽管元宇宙还是一个新生市场，但科技巨头已经开始争抢元宇宙的入场门票。具体来看，从体验场景出发，向内剖析元宇宙，其产业链可以被划分为 7 层。

（1）体验层。游戏是目前最靠近元宇宙的"入口"，玩家的体验将从游戏继续进化，并为用户提供更多娱乐、社交、消费、学习和商务工作的内容，覆盖各种生活场景。

（2）发现层。发现层是人们了解体验层的途径，解决新体验如何触达用户的问题，包括广告系统、对新体验的评价等，还包括Steam平台、Epic Games平台、TapTap平台、Stadia云游戏等商店/渠道。

（3）创作者经济层。元宇宙中的体验和内容需要持续更新、不断降低创作门槛，并提供开发工具、素材商店、自动化工作流和变现手段，帮助创作者制作并将成果货币化。

（4）空间计算层。空间计算层无缝地混合了数字世界和现实世界，让两个世界可以相互感知、理解和交互，包括3D引整、VR/AR/XR、语音与手势识别、空间映射、数字孪生等技术。

（5）去中心化层。元宇宙的经济蓬勃发展需要以一套共享的、广受认可的标准和协议作为基础，促进整个元宇宙体系的统一性及虚拟经济系统的流动性。加密货币和NFT可以为元宇宙提供数字所有权和可验证性，区块链技术、边缘计算技术和人工智能技术的突破将进一步实现去中心化。

（6）人机交互层。随着微型化传感器、嵌入式AI技术及低时延边缘计算系统的实现，预计未来的人机交互设备将承载元宇宙越来越多的应用和体验。由于能提供更好的沉浸感，VR/AR头显被普遍认为是进入元宇宙空间的主要终端，此外还包括可穿戴设备、脑机接口等进一步提升沉浸度的设备。

（7）基础设施层。元宇宙概念的爆火，是基础设施技术边际改善的必然结果。随着5G、云计算和半导体等技术的成熟，虚拟环境中的实时通信能力将大幅度提升，支撑大规模用户同时在线，保证较低时延，并且实现更为沉浸的体验感。5G、云计算和半导体等核心技术也将成为关键，带动数据量/精细度提升，助推元宇宙落地。

体验层和发现层又可被归纳为生态层，旨在打造元宇宙的场景内容；创作者经济层和去中心化层则可被归纳为底层架构，为元宇宙奠基经济系统；空间计算层、人机交互层、基础设施层则是元宇宙的技术保障。基于此，元宇宙有望孕育新的万亿元级生态蓝图。

打造场景内容

从体验层和发现层来看，虚拟现实交互场景正在从基础应用阶段、补充应用阶段逐渐向泛行业应用阶段、生态构建阶段演进。

具体来说，基础应用阶段，集中于游戏、短视频、军事训练等领域，内容较为有限，交互方式单一，在C端市场普及率较低；补充应用阶段，虚拟现实技术及内容应用于各类全景场景并向教育、营销、职业培训、体验馆、旅游、地产等场景拓展，初步深入C端市场；泛行业应用阶段，虚拟现实应用在医疗、工业加工、建筑设计等场景的价值逐步凸显，通过B端用户拓展C端市场；应用生态构建阶段、虚拟现实应用终极阶段，以强交互、深入渗透为特点，虚拟现实全景社交将成为虚拟现实终极应用形态之一。

事实上，交互场景即为元宇宙世界本身，其产业生态想象空间无疑是巨大的。从远期来看，元宇宙各类应用场景将在综合服务供应商、设备供应商、内容供应商、品牌广告商、运营商、B端客户、C端客户之间形成完整、循环的生态系统。基于该生态架构，产业链厂商具体可通过分成、佣金、版权费用、广告费用等渠道获取收入，维持运营。

从场景来看，元宇宙内容场景始于游戏但不止于游戏，未来将包含大量其他垂直场景，包括工业场景、智慧医疗、智慧教育、虚拟娱乐、全息会议、军事仿真，以及其他各类垂直行业等领域。

以消费场景为例，随着技术迭代升级，消费者的线上购物体验逐渐趋于直观和清晰，能够获得的信息量持续丰富。从早期的电话购物向淘宝传统的图文模式升级，再到当前直播电商带货、小红书的内容电商等模式，用户的线上消费体验在不断升级，通过平台获取的信息量在不断提升。从借助图文结合的形式呈现——用户通过对比图片外观和文字描述来选择感兴趣的商品，升级到通过视频和直播的形式向用户全方位展示商品的参数，从而让用户获取完整的商品信息。

从传播学的角度来看，中短视频及网络直播的传播能力远远高于图文传播。同时，随着内容电商兴起，小红书、抖音、快手、B站等平台中涌现出一系列分享好物的种草KOL，从消费者的角度出发，这为用户提供了更多更直观的货品信息和使用效果，从而使消费者通过线上平台获取的信息量持续丰富，并且重塑了消费流程，很多消费者先从线上平台去看才会激发购买欲望。

元宇宙时代下，用户的消费体验或将迎来新的一波交互体验的升级，在AR、VR等技术的带动下，更加沉浸式的消费或将成为常态。

通过 AR、VR 技术的运用，用户将会获得更加直观、沉浸的购物场景，获得更佳的购物体验。例如，新氧 App 为用户提供 AR 检测脸型的服务，通过手机扫描脸部推算出适合每位用户的妆容、发型和护肤品等，使用户在手机上就能远程体验专业的美容建议。

得物 App 的 AR 虚拟试鞋功能允许用户只需要挑选自己喜欢的鞋型和颜色并点击 AR 试穿即可看到鞋子上脚的效果，避免了去线下试鞋或快递收到鞋后发现上脚效果不好看再退换货的麻烦。进入元宇宙时代，沉浸式的消费体验会是新的流行趋势，用户的消费体验将与以往大不相同。沉浸式消费将不仅仅局限于购买衣服鞋子等小件物品，AR 房屋装修、远程看房，甚至模拟旅游景点都将成为流行的生活方式。此外，消费者可以触达的信息量将进一步提升。在可穿戴设备和触觉传感技术的加持下，相比当前仅限视觉交互的购物体验来说，触觉等或将提供更佳、更沉浸的购物体验。

开拓经济系统

元宇宙是接近真实的沉浸式虚拟世界，构建对应的经济系统至关重要。实际上，此前的普通虚拟世界（网游、社区等）一直以来都被当作普通娱乐工具，而非真正的"平行世界"。一个重要原因就在于，这类虚拟世界的资产无法顺畅地在现实中流通，即便玩家付出全部精力成为虚拟世界的"赢家"，大概率也无法改变其在现实中的地位。虚拟世界玩家的命运无法掌握在自己手中，一旦运营商关闭了"世界"，则玩家的一切资产、成就清零。

区块链的出现与成熟将完美解决这样的问题，让元宇宙完成底层架构的进化——区块链可以在元宇宙中创造一个完整运转且链接现实世界的经济系统，玩家的资产可以顺利和现实打通，区块链完全去中心化，不受单一方控制，玩家可以持续地投入资源。

《堡垒之夜》的创造者"虚拟引擎之父"Tim Sweeney 就指出，"区块链技术和 NFT 是通向新兴的元宇宙（虚拟世界）的'最合理的途径'"。NFT 是区块链框架下代表数字资产的唯一加密货币令牌，是未来元宇宙的经济基石。NFT 可与实体资产一样买卖，保证了元宇宙中基础资产的有效确权。

近年来，NFT 市场逐年呈倍数级增长。2019—2020 年，NFT 的全球 USD 交易总额从 6286 万美元上涨到 2.5 亿美元，增长近三倍。2021 年更是属于 NFT 的一年，2021 年 1 月至 8 月，NFT 交易额爆发式增长，而 OpenSea 利用自己的 NFT 用户、NFT 资产种类等优势快速统治了 NFT 交易所的市场份额。2021 年 8 月，OpenSea 的 NFT 交易金额超过 10 亿美元，占全球 NFT 交易规模的 98.3%。作为对比，OpenSea 2020 年全年的交易额不足 2000 万美元。

从市场空间来看，仅以 NFT 衡量，当前已达百亿元人民币级别。2021 年第一季度的 NFT 交易空间达 20 亿美元，约合 120 亿元人民币，年化处理后全年交易额推算约 480 亿元人民币（仅作数量级参考），若元宇宙场景继续贡献其 27%（参考 2020 年）的份额，则元宇宙—区块链环节在 2021 年的空间至少达 130 亿元人民币。

以头部厂商 Sandbox 为例，Sandbox 是一款建立在区块链上的沙

盒游戏，玩家可以在 Sandbox 中建立自己的世界、创造自己的物品、开发自己的游戏供他人玩。Sandbox 创造了 SAND 代币，通过拥有 SAND 代币，玩家可以参与 Sandbox 中去中心化组织（DAO）的治理。而 Sandbox 的玩家可以创建 NFT 资产。同时，Sandbox 与 Atari、Crypto Kitties、小羊肖恩等厂商 /IP 合作创建 "Play to Earn" 游戏平台。

当前，Sandbox 计划以区块链的模式让用户自主管理社区。去中心化组织是基于区块链核心思想理念的，由达成同一个共识的群体通过自发产生的共创、共建、共治、共享的协同行为衍生出来的一种组织形态，是区块链解决信任问题后的附属产物。DAO 将组织的管理和运营规则以智能合约的形式编码在区块链上，从而在没有集中控制或第三方干预的情况下自主运行。

DAO 具有充分开放、自主交互、去中心化控制、复杂多样等特点，可成为应对不确定、多样、复杂环境的有效组织。与传统的组织现象不同，DAO 不受现实物理世界的空间限制，其演化过程由事件或目标驱动，可快速形成、传播与高度互动，并伴随着目标的消失而自动解散。DAO 可帮助基于区块链的所有商业模式治理、量化参与其中的每个主体的工作量，包括加密货币钱包、App 及公有链。DAO 的主要营收来源为收取交易服务费，支付方式一般为数字货币。

在 DAO 的基础之上，Sandbox 推出 SAND 代币，并鼓励用户创建 NFT 以维持游戏的经济体系。将数字货币与 NFT 引入游戏的优势在于，区别于传统的游戏资产，以数字货币与 NFT 维持游戏经济体系不会剧烈 "通货膨胀"，还能给予用户更真实的体验。Sandbox 也可以通过 NFT 激励交易来保持游戏活跃，充分调动玩家的创造性。

2021 年，元宇宙—NFT 的应用呈现爆发趋势，后续有望进一步扩张。其中，Sandbox 2021 年第二轮土地拍卖金额（超 280 万美元）就超越了 2019 年和 2020 年的收入总和，而在最近一次土地拍卖中更是打破了所有记录，达近 700 万美元。Sandbox 土地总数为 166464 块，目前已拍卖将近 50%。Sandbox 母公司 Animoca Brands，于 2021 年5 月 13 日宣布其估值为 10 亿美元，并获得 8888 万美元股权融资。

夯实底层基建

空间计算层、人机交互层、基础设施层是元宇宙的技术保障。

一方面，在软件定义一切的大趋势下，5G、云计算、AI 技术等技术将成为关键，带动数据量精细度提升，从而助推元宇宙落地。根据中国信通院的报告，当前虚拟现实存在单机智能与网联云控两条技术路径，前者主要聚焦于近眼显示、感知交互等领域，后者专注于内容上云后的流媒体服务。可以预见，在未来的元宇宙框架中，两者将在 5G 基建的基础上有机融合，AI+ 云化共振触发产业跃升。

人工智能三大分支——计算机视觉、智能语音语义、机器学习目前均在元宇宙雏形中扮演重要角色，国内各层级厂商全面开花。以开放平台为例，讯飞开放平台客户已经达到 176 万人、累计支持终端 29 亿台；腾讯 AI 开放平台客户数达 200 万人，服务全球用户数量超过 12 亿人。以开发框架为例，百度飞桨、旷视 MeEngine、华为 MindSpore、清华大学 Jittor 等国产 AI 开发框架均实现产业突破，覆

盖面极广。

云化渲染也是支撑元宇宙落地的重要技术，以华为云 Cloud VR 为代表，其发展路径可被划分为三个阶段：近期云化、中期云化、远期云化。华为云 Cloud VR 服务将云计算、云渲染的理念及技术引入 VR 业务应用中，借助华为云高速稳定的网络，将云端的显示输出和声音输出等经过编码压缩后传输到用户的终端设备，实现 VR 业务内容上云、渲染上云。Cloud VR 开发套件主要用于线下开发；华为云连接服务则与运营商网络进行云端适配，既可以直接为行业用户提供商用服务，也可以被开发者二次开发和集成。

另一方面，VR/AR 及智能穿戴设备是实现让用户持续稳定接入元宇宙、获得沉浸式体验的关键。当前，VR/AR 设备行业正在逐步驶入产业发展快车道，而元宇宙概念将进一步加速设备渗透、用户培育进程。

从设备产业链来看，硬件核心技术涉及传感器、显示屏、处理器、光学设备等；软件技术以与内容制作相关的建模技术、绘制技术、全景技术、仿真技术为主；交互技术从传统手柄手势交互逐渐拓展至语音、表情、眼动追踪等多元交互技术领域。随着虚拟现实设备结构逐渐成熟，其硬件技术将趋于无线化，软件技术将趋于云化，交互以全场景应用为发展目标。

技术成熟将带动虚拟现实消费级市场快速成长，远期在 5G 通信条件驱动下，虚拟现实产品形态将更加丰富，商业模式将更加成熟。随着 VR 产业链的逐步完善，VR 对行业的赋能会展现出强大的飞轮效应。目前，VR 已经在房产交易、零售、家装家居、文旅、安防、教育以及医疗等领域有广泛应用。未来，随着 VR 产业链条的不断完善以及丰富的数据累积，VR 将充分与行业结合，由此展现出强大的飞轮效应。

从终端设备市场来看，VR 先行、AR 跟进，千亿级产业空间正在释放。中国信通院预计，2024 年全球虚拟设备出货量可达 7500 万台，其中，VR 设备占 3300 万台、AR 设备占 4200 万台。从增速的角度来看，据 TrendForce 的统计，未来 5 年 VR/AR 出货量的年复合增长率可达 39%，行业正处于快速爆发期。

作为目前全球 VR 产业龙头品牌，Facebook 早在 2014 年便收购了 Oculus 并开始布局 VR 业务。2020 年 9 月 Oculus 推出 Oculus Quest2，头显质量仅 503 克，刷新率高达 90Hz，搭载高通骁龙 VR 专用芯片 XR2，分辨率较上一代提高 50%，具备更大的内存和更快的响应速度，而售价仅为 299 美元，性价比显著提升。根据 IDC 的数据，Oculus 凭借 Oculus Quest2 的发布于 2020 年一举拿下全球 VR 市场 63% 的出货量份额，销量达到 347 万部，远高于其在 Oculus Rift 及 Oculus Quest1 发布当年的销量（2016 年 39 万部，2019 年 170 万部），2020 年第四季度 Oculus Quest2 发布后，Oculus 单季全球出货量 / 销售额市占率高达 82%/77%。

Oculus Quest2 发布后，Oculus 于 2021 年 4 月通过软件升级将产品刷新率从 90Hz 提升至 120Hz，进一步优化用户体验。2021 年 3 月 8 日 Facebook CEO 扎克伯格在接受科技媒体 The Information 的专访时提到，Facebook 已在研发 Oculus Quest 迭代版本新品，或具备眼动追踪、面部追踪等特性。此外，扎克伯格在采访中还提到 Facebook

将延续低产品售价策略，围绕社交体验制定商业模式，并通过价格下探继续扩大用户基数，从而基于当前社交媒体网络创造更多用户加入虚拟世界的社交机遇。

索尼于 2021 年 2 月 23 日宣布新一代 VR 系统将登陆 PS5，并将通过全面加强分辨率、视野、追踪和输入等方面的表现优化用户体验。2016—2020 年，索尼 VR 累计出货量达 546 万部（根据 IDC 数据）。基于良好的用户基础及强劲的换机需求，第二代 PSVR 亦有望成为继 Oculus Quest2 之后的又一热销 VR 产品。

与此同时，本土品牌终端也呈快速普及趋势。以华为 VR Glass 为例，华为 VR Glass 采用超短焦光学系统，搭配 0 ~ 700 度屈光度调节，是一款相对轻量级的 VR 设备。设备支持 VR 手机投屏、双应用投屏，包含手机模式和计算机模式两种模式，支持 6DoF，并有望在鸿蒙时代创造更多的物联模式。华为 VR Glass 在 2019 年官方发布的定价为 2999 元。华为 VR Glass 的一大卖点在于内容端，丰富的场景包含全景视频、IMAX 虚拟巨幕、常规影视等频道，同时发布 100 多款精选 VR 游戏。

互联网巨头布局元宇宙

互联网巨头，本身拥有巨大流量入口，主要抢占元宇宙产业链的体验层和发现层，以拥有的元宇宙生态平台直接对接用户。

Facebook：深度布局 VR，领跑社交元宇宙

Facebook 是全球领先的在线社交媒体和网络服务提供商。Facebook 网站于 2004 年 2 月 4 日上线，为打造多品类的差异化社交矩阵，公司进行多次投资并购，2020 年 Facebook 实现营收、利润双增长。通过 Oculus 设备布局 VR 领域，又推出 Facebook Horizon VR 社交平台。当前，Facebook 已经成为除 Roblox 以外最知名的元宇宙概念企业。

Facebook 在 2014 年以 20 亿美元高价收购了虚拟现实公司 Oculus，正式进军 VR 领域。在 2016 年，扎克伯格就表示，要在 3～5 年内着重构建社交生态系统，完成核心产品的功能优化。未来 10 年侧重于 VR、AR、AI、无人机网络等新技术。截至 2021 年年初，Facebook 参与 VR/AR 技术研发的员工比例已由 2017 年的十分之一增长至五分之一，并成为频频投资 VR/AR 领域的技术领先者。

长期布局 VR 硬件端终获成效，Quest2 需求强劲。Quest2 比 Quest1 更加轻薄，并且头显前面安装了 4 个跟踪摄像头和两个黑白 Oculus 触摸运动控制器。Quest2 不允许用户保留完全独立的 Oculus 账户，而 Quest2 的产品经理表示这样做的目的是为了提高 Quest 提供的社交性。通过链接 Facebook 账户的方式能够找到好友，并可以通过 Quest 设备使用 Facebook Messenger 和好友虚拟聊天。

　　Facebook 还通过在 Quest2 上创建 VR 办公环境"Workrooms"，重新定义了"办公空间"。用户可以使用化身的形式参加虚拟会议，虚拟面对面的沟通能够很大程度上改善远程会议的体验，提高头脑风暴和一些创造性场景的效率。

　　Workrooms 提供一种虚拟现实混合体验，在里面用户可以在各类虚拟白板上表达自己的 ideas，还可以将自己的办公桌、计算机和键盘等带进 VR 世界中并用它们进行正常办公。Oculus Avatar 给用户提供更丰富的外观选择，用户在不同场景可以更换不同的虚拟形象。Workrooms 提供各类办公场景和陈设，用户可以根据需求选择不同的会议室和办公室。

　　据 IDC 数据显示，在 2020 年第二季度全球 VR 头戴设备市场上，Facebook 击败了此前的常胜将军索尼，以 38.7% 的市场份额夺得第一。同时，2020 年新发布的 Quest2 自 10 月上市以后需求强劲，在北美市场一度断货。该款设备预计年出货量为 500 万～700 万台。根据 SuperData 统计，Quest2 在 2020 年第四季度的 VR 市场中占绝对的主导地位，销量约 110 万台，遥遥领先排第二位的索尼 PSVR。

　　目前，Facebook 已经推出的 VR 社交平台 Horizon 的测试版，可应用于游戏娱乐、社交及办公，被誉为 VR 界的 Roblox，也被认为是 Facebook 向元宇宙迈出的重要一步。Horizon 支持最多 8 名玩家在平台上一起打造属于自己的虚拟体验世界，玩家通过自己的虚拟半身卡通形象创造并装饰"Worlds"，在"Worlds"中游玩各类社交小游戏。

　　Facebook Reality Labs Experiences 的产品营销主管认为，元宇宙的重要组成部分之一是一个在 VR 环境中鼓励更多社交互动机会的平台，让虚拟现实中的社交参与度更富有深度和广度。凭借技术赛道与社交领域的双重优势，Facebook 有望构建大型社交元宇宙平台。

除了布局 VR 领域，发力 VR 社交平台，Facebook 在元宇宙的布局还包括 Creator 内容创作社区、Spark AR、数字货币 diem 等。

Creator App 旨在让内容创作者围绕内容搭建社区，提供一站式创作服务，包括创作、编辑、发布视频，通过 Creator 收取来自 Instagram、Messenger 等 App 的信息和评论；通过 Creator 分享 Facebook 上的信息，可以将内容发送至 Twitter、Instagram 等其他平台帮助创作者进行统计分析，并使其有能力发布更受欢迎的视频。

Facebook 还为 Instagram 推出了 Spark AR 功能，并将其描述为一个"任何人都可以在 Instagram 上创建和发布 AR 效果"的平台，发布的 filter 特效可以显示在新的效果库中。近期，Spark AR 推出多层次分割和优化跟踪目标两项新功能，增强了 AR 技术的识别层次与目标数量，达到更好的现实效果。

虚拟数字货币 diem 类似于 Tether 币和其他与价格挂钩的稳定币（diem 与美元挂钩），由传统资产支撑，运行在 diem 项目自己的区块链中，被存放在名为 Novi 的钱包里。diem 区块链是可以编程的，和 Ethereum 一样，开发者可以创建自定义应用程序。diem 的市值和流通供应量是不固定的，diem 协会可以在美元进出 diem 的抵押储备时进行铸造或销毁代币。diem 的元宇宙属性取决于其在现实世界中的可支付性。diem 协会的一些成员很可能会接受该币作为一种支付方式，如 Shopify、Spotify、Uber 等公司。

腾讯：内部孵化叠加外部投资，打造全真互联网

腾讯是国内社交与线上娱乐龙头企业，业务范围涵盖互联网全生态。腾讯是中国最大的互联网综合服务提供商之一，旗下拥有日活跃用户 10 亿人的社交平台微信，以及日活跃用户超过 1 亿人、全球营收第一的手游《王者荣耀》。

腾讯的主营业务按收入构成可分为三大板块：一是增值服务，可分为网络游戏及社交生活两方面。在网络游戏方面，自研游戏《王者荣耀》《和平精英》长期领跑手游畅销榜。在社交生活方面，主要业务包含音乐及视频的会员服务、网络文学、直播服务等。二是网络广告，主要包括基于腾讯视频的媒体广告，以及基于微信、QQ 等平台的社交广告。三是金融科技，主要包括互联网金融、云及企业服务等。

作为国内社交及线上娱乐龙头，腾讯以游戏为切入口，通过内部孵化、对外投资多领域布局元宇宙。事实上，此前马化腾就已经在腾讯特刊《三观》中写道："一个令人兴奋的机会正在到来，移动互联网十年发展，即将迎来下一波升级，我们称之为全真互联网。这是一个从量变到质变的过程，它意味着线上线下的一体化，实体和电子方式的融合。虚拟世界和真实世界的大门已经打开，无论是从虚到实，还是由实入虚，都在致力于帮助用户实现更真实的体验。"该描述正好同元宇宙高度吻合。

在内部孵化上，腾讯积极探索游戏与社交的深度结合，全产业链布局元宇宙。在上游内容生态方面（自研游戏方面），腾讯持续研发开放世界类游戏，包括生产类沙盒游戏《我们的星球》、UE4 制作的开放世界手游《黎明觉醒》等，该类游戏给予玩家较高的自由，与元宇宙"开源和创造"的特性相近。

此外，2021 年 4 月 15 日，腾讯平台与内容事业群（PCG）内部宣布任命腾讯互娱（IEG）天美工作室群总裁姚晓光接手 PCG 社交平台业务，PCG 社交平台业务两大产品正是 QQ 和 QQ 空间。2020 年 1 月，腾讯 COO 任宇昕就在内部信中说过，PCG 肩负着腾讯探索未来数字内容发展的重任。

时任腾讯互娱天美工作室群总裁的姚晓光是中国最早一批从事网络游戏研发的高级程序员之一，曾创办研发网站 npc6.com，监制中国第一款回合制 MMORPG 游戏《幻灵游侠》，曾就职于盛大网络盛锦公司任常务副总经理，参与《传奇世界》等多款游戏大作的核心开发。同时，他也在专业领域编译出版多部著作，为国内策划和技术人才的培养提供了大量的理论指导。在腾讯的多番诚意邀请下，姚晓光于 2006 年加入腾讯。

进入腾讯初期，姚晓光负责琳琅天上工作室的研发运营工作。《QQ 飞车》作为姚晓光第一个主导的项目，就让姚晓光和琳琅天上工作室一战成名。在此之前，腾讯无大型自研游戏经验，主要以代理为主。2014 年 10 月原琳琅天上工作室、天美艺游工作室、卧龙工作室正式合并升级为天美（TIMI）工作室群。姚晓光打造的 PC 端游戏代表作品包括《QQ 飞车》《御龙在天》《逆战》等，移动端游戏代表作品包括《天天酷跑》《天天炫斗》《穿越火线: 枪战王者》《王者荣耀》等。

截至 2020 年 11 月，《王者荣耀》日均日活跃用户数已超 1 亿人。

面对日益加剧的互联网内容与渠道竞争，姚晓光肩负拯救 QQ、糅合游戏与社交、打造腾讯新王牌的重任。显然，通过游戏与社交的深度结合，腾讯还将进一步探索元宇宙的产品生态。

在下游基础设施方面，在未来 5 年内，腾讯计划在云、AI、区块链、5G 及量子计算领域投入 700 亿美元。通过提升游戏的可进入性、可触达性、可延展性，向元宇宙成熟形态靠近。

腾讯云技术和金融科技是元宇宙发展的底层引擎。基于社交平台、支付等领域的用户流量和产品积累，腾讯云技术目前在消费互联网和金融领域具备较大优势。未来腾讯云的潜力将主要集中在 SaaS 领域，同时也将作为腾讯在底层技术上的重要战略布局，支撑上层各项互联网业务的发展，包括元宇宙概念方向。

腾讯在区块链方面也已经有所行动。2020 年 8 月 10 日，腾讯音乐开启首批数字藏品（胡彦斌《和尚》20 周年纪念黑胶 NFT）预约活动。用户可在 QQ 音乐平台开启购买资格的抽签预约，限量发售 2001 张。抽签时间为 8 月 14 日 10：00，正式发售时间为 8 月 15 日 10：10。腾讯音乐成为中国首个发行数字藏品 NFT 的音乐平台。

在金融科技方面，对标支付宝，微信凭借自身流量基础与生态构建，微信日均支付笔数已领先支付宝。随着腾讯金融业务产品线的不断完善，有望稳健缩小差距并迎头赶上。理财、小额贷款等高利润业务也将在信用体系的逐步搭建下贡献更多收益。元宇宙概念的重点之一就是数字经济文明，腾讯的金融科技业务具备构建虚拟货币体系的空间。

在对外投资上，腾讯大力投资基础设施，完善元宇宙拼图。至

2020 年，腾讯共投资超过 800 家企业，其中不乏元宇宙相关行业。在游戏领域，腾讯持续投资元宇宙概念相关的公司和产品，Roblox 和 Epic Games 都在它的投资名单上。其中，腾讯自 2012 年起投资的 Epic Games，其开发的虚幻引擎被广泛应用于拟真游戏研发。在 VR/AR 组件方面，腾讯于 2013 年起投资的 Snap，其在 AR 组件的制造和应用方面处于行业领先。

在数字经济领域里，腾讯投资的 Roblox 公司引入的游戏虚拟货币 Robux 可通过游戏平台兑换现金，实现了现实与虚拟货币的互通。此外，腾讯也投资了海内外多家电子商务平台公司，包括国外的 Paystack、SeaMoney，国内的拼多多、美团等，其社交购物模式有望助力虚拟闭环经济系统的构建。综合来看，腾讯多元的内部孵化及对外投资布局，使其成为最有可能构建元宇宙雏形的企业之一。

字节跳动：巨资收购 VR 龙头，入场元宇宙

2014 年，在扎克伯格"VR 未来消费规模可比肩手机或 PC"的判断下，Facebook 用 20 亿美元买下 Oculus，正式进入 VR 领域。此后，Oculus 发展迅猛。2021 年 Quest2 的销量近 900 万台。与 Facebook 体量相当的字节跳动，则收购了被业界认为最有可能比肩 Oculus 的国产品牌 Pico。

字节跳动收购 Pico 被视为"Facebook 收购 Oculus"的翻版。虽然晚了 7 年，但在市场来看，字节跳动的入场却恰逢其时——这 7

年间，VR 行业经历了 2 次大泡沫，直到现在，技术水平与市场需求才趋向成熟。这一次的投资也被视为字节跳动在元宇宙领域的重要布局。

值得一提的是，Pico 几乎成为上一波 VR 浪潮中所剩不多的熬过资本寒冬的企业。创始人周宏伟曾是歌尔股份高管，歌尔股份既是 Pico 的股东，也是 Pico 的供应商，Pico 所有产品的光学元件和硬件都由歌尔提供。歌尔股份还是 Oculus Quest 系列的主要代工厂之一。

中金公司认为，Pico 并入字节跳动后，有望整合字节跳动的内容资源和技术能力，在 VR 产品研发和生态上持续加大投入。从出货量来看，目前 VR 发展仍以海外市场为主，Facebook 通过收购 Oculus 及 VR 游戏团队，丰富游戏内容生态，增强用户黏性。字节跳动收购 Pico 有望成为国内 VR 市场的发展拐点，依托 Pico 较为成熟的硬件生态，叠加字节跳动的软件开发能力，字节跳动将推动国内 VR 产业的繁荣。

此次引起外界广泛关注的 Pico，并非字节跳动在元宇宙领域布局的第一个项目。早在 2021 年 4 月，字节跳动就曾花费了 1 亿元投资被喻为"中国版 Roblox"的游戏开发商代码乾坤。

代码乾坤成立于 2018 年，是一个游戏 UGC（用户生成内容）平台，其代表性作品是元宇宙游戏《重启世界》。基于代码乾坤自主研发的互动物理引擎技术系统的《重启世界》主要包括物理引擎编辑器（PC）、游戏作品分享社区（App）两个部分。可以支持用户自由创作模型、物理交互效果和玩法，并将自创的玩法、模型素材和成品游戏在重启世界社区或商店发布，供其他开发者或玩家使用。目前，国内拥有自研物理引擎的 UGC 游戏创作平台，除舶来品《Roblox》，代码乾坤的《重启世界》占独一份。

技术大厂抢占元宇宙市场

毋庸置疑，构建元宇宙是一个非常庞大的系统工程。元宇宙需要高速率、低时延、超大连接的通信环境，海量的数据处理、云端实时渲染及智能运算等。正是伴随着 5G 通信、大数据、人工智能等技术的日趋成熟，才让过去这个虚无缥缈的概念，如今有了被实现的可能。

华为：元宇宙底层 ICT 技术集大成者

华为云是成长最快的"一朵云"，2020 年进入全球前五名。华为云聚焦云计算中的公有云领域，提供云主机、云托管、云存储等基础云服务，以及超算、内容分发与加速、视频托管与发布、云计算机、云会议等服务和解决方案。Gartner 4 月发布的报告显示，2020 年华为云在全球云计算 IaaS 市场排名上升至中国第二名、全球前五名，增速达 168%，在主流服务提供商中，其增速最快。

根据 IDC 数据，2020 年上半年华为云位居机器学习公有云服务中国市场份额第一位，达到 29%；在工业云解决方案厂商中，华为云也凭借 11.5% 的市场份额排名第二；在容器软件市场中，华为云在国内市场份额排名中位列第一。

华为正在积极布局 VR 领域，持续推动 VR/AR 生态建设。华为专门为 VR 内容开发者提供了平台——HUAWEIVR。开发者可利用华为 VR SDK 进行创作，作品完成后上传至华为 VR 应用商店，拥有华为 VR 眼镜的消费者可以直接下载体验。HUAWEI VR 目前的硬件形态是 VR 眼镜 + 华为系列手机 / 平板。华为系列 VR 手机包括 3DoF 头显和 3DoF 手柄。

华为在 VR/AR 领域的技术突破加速了沉浸式体验的实现。华为推出河图（Cyberverse）底层技术平台，包含了全场景空间计算能力、AR 步行导航、场景编辑渲染等技术。目前，该技术已应用于敦煌莫高窟的全景复现中，实现了科技与文化的完美结合。同时，华为还推出通用 AR 引擎"华为 AR Engine"，开发者和第三方应用可接入华为的 VR 系统。

未来，随着 5G 和云计算的进一步发展，将二者结合起来的"云 + 端"协同模式有望引领 VR 行业发展，或将成为人类进入元宇宙的关键一步。

英伟达：发布跨时代 Omniverse 平台

英伟达 Omniverse 是英伟达开发的专为虚拟协作和实时逼真模拟打造的开放式云平台。通过云赋能创作者、设计师、工程师和艺术家在本地或者超越物理界限的世界各地实时工作，彼此之间可以实时看到工作进度和工作效果，提供了极大的便利性。作为一款云平台，Omniverse 拥有高度逼真的物理模拟引擎及高性能渲染能力。Omniverse 支持多人在平台中共创内容，并且与现实世界高度贴合，可用数据创造一个与现实世界 1∶1 的虚拟世界。

基于 Pixar 的 USD（通用场景描述技术），通过 3D 交换功能，Omniverse 可将生态系统成员连接到大型用户网络，提供 12 个用于主流设计工具的连接器，另外 40 个连接器仍在开发中。初期体验合作伙伴来自全球各大行业，包括媒体和娱乐、游戏、AEC（建筑、工程、施工）、制造、电信、基础设施等。

显然，Omniverse 的愿景符合元宇宙的重要理念之一，"不由单一公司或平台运营，而是以多方共同参与、去中心化的方式运营的。"

歌尔股份：VR/AR 设备第一代工厂

以苹果产业链龙头身份广为人知的歌尔股份，涉猎元宇宙概念已久。歌尔股份成立于 2001 年，主要从事声光电精密零组件及精密结构件、智能整机、高端装备的研发、制造和销售。

近三年，歌尔股份营收、净利润持续增长，同比增速逐渐扩大。虽然 2018 年业绩表现不佳，营收和净利润出现负增长，但之后迅速恢复，2020 年营收和净利润同比增长分别达到 64.29% 和 122.41%。此外，歌尔股份近五年的研发支出保持增长，毛利率略有下降。2016—2019 年研发支出同比增速呈现下降趋势，2020 年增速迅速攀升至 74.64%。毛利率总体上呈现下滑趋势，2020 年毛利率为 16.03%。

在 VR/AR 领域，歌尔股份的布局主要体现在零部件供应和整机组装上。其中，精密零部件主要结合 VR/AR 的关键光学器件来布局发展。并且，歌尔股份还是 Facebook 和索尼等主流 VR 终端厂商的代工商，目前占据全球 VR 中高端产品 80% 的市场份额。

2020 年歌尔股份包含 VR/AR 业务在内的智能硬件收入占主营收入的 30%。2020 年歌尔股份业绩逆势增长，其 VR/AR 业务做出了突出贡献。对营收贡献第一位的是智能光学整机业务，占比达到 46.20%，而涉及 VR/AR、智能穿戴设备的智能硬件业务贡献了 30.57% 的份额，居于第二位。

2020 年年底，在市场预期苹果无线耳机销量或在 2021 年出现下滑之际，21 世纪资本研究院就在报道中指出，VR/AR 业务或有望接力耳机成为歌尔股份新的利润来源。2021 年以来，歌尔的业绩表现也印证了这一点。

2021 年第一季度，歌尔股份实现营业收入 140.28 亿元，同比增长 116.68%，归属于上市公司股东的净利润为 9.66 亿元，同比增长 228.41%。2021 年上半年，歌尔股份实现营业收入 302.88 亿元，同比增长 94.49%；实现归母净利润 17.31 亿元，同比增长 121.71%。公司发布的前三季度业绩预告继续大增，预计 2021 年前三季度归母净利润约 32.14 ～ 34.61 亿元，同比增长 59.38% ～ 71.64%，第三季度预计实现利润 14.83 ～ 17.3 亿元。若取中值，估计第三季度利润为 16.1 亿元，同比增长约 30%，环比增长约 110%。

歌尔股份在 2021 年半年报中提及，元宇宙等新兴概念越来越引起全行业的广泛关注。2021 年上半年，歌尔股份业绩大增，原因就在于 VR 虚拟现实、智能无线耳机等产品销售收入的增加。2021 年上半年，精密零组件收入为 60.51 亿元，同比增长 21.78%；智能声学整机收入为 124.92 亿元，同比增长 91.94%；智能硬件收入为 112.10 亿元，同比增长 210.83%。以 VR/AR 业务为主导的智能硬件业务增速抢眼，迎来爆发式增长。

第七章

元宇宙需要
制定宪章

元宇宙的终极形态将是一个开放与封闭体系共存（甚至可以局部连通）、大宇宙和小宇宙相互嵌套、小宇宙有机会膨胀扩张、大宇宙有机会碰撞整合的宇宙，就像我们的真实宇宙一样。元宇宙终将是由多个不同风格、不同领域的元宇宙组成的更大的元宇宙，用户的身份和资产将实现跨元宇宙同步，人们的生活方式、生产模式和组织治理方式等均将重构。

元宇宙将带领人类文明进入一个全新的数字时代，但在理想形态的元宇宙到来以前，人们还需要为元宇宙制定宪章，从而使元宇宙能够行稳致远。

通往未来元宇宙

当前，元宇宙相关话题快速破圈，市场关注度极高，分歧与共识并存。从元宇宙的实现基础来看，未来或许并不遥远。作为基础和先决条件，VR 等硬件设备的体验不断提升、价格不断下降，在大厂的推动之下渗透率有望快速提升。

5G、云计算、区块链等基础设施逐步成熟，内容及应用生态亦在硬件及基础设施的推动之下快速发展。元宇宙的成熟虽然还很遥远，但是探索正在加速。未来，人们对于元宇宙的理解将持续加深，从消费互联网到产业互联网均将拥抱线上线下一体化的元宇宙时代。

短期：技术催化发展

VR/AR、云计算、AI、5G 等技术的进化，让元宇宙有了实现的可能，而互联网的高速发展构建了元宇宙坚固的基石。元宇宙本质上是一个虚拟的网络世界，当满足硬件基础后，则需要覆盖尽可能多的用户来构成元宇宙中的行为主体，并由这些主体来创造元宇宙的内容。

因此，在短期内，元宇宙还要经历技术端的不断发展，这一阶段达成的相应指标包括但不限于：5G 渗透率达到 80%；云游戏、XR 技术实现成熟应用；以腾讯为代表的顶级游戏厂商在"次世代"游戏中取得突破；人工智能实现 AI 辅助内容生产；中国、美国等主要经济体已经出现多家结合游戏、社交和内容的沉浸式体验平台，且渗透率有望突破 30%。

元宇宙概念将依旧集中于游戏、社交、内容等娱乐领域，并且随着通信和算力、VR/AR 设备和人工智能等领域的升级，体验和交互形式将更加趋于沉浸。其中，具有沉浸感的内容体验是这个阶段最为重要的形态之一，并带来较为显著的用户体验提升。

软件工具上分别以 UGC 平台生态和能构建虚拟关系网的社交平台展开，底层硬件支持依旧离不开现已广泛普及的移动设备。同时，VR/AR 等技术逐步成熟，各大互联网巨头公司和一些专注于游戏、社交的头部公司将发展一系列独立的虚拟平台，有望成为新的娱乐生活的载体。

在社交领域，元宇宙将继续为用户提供游戏性和虚拟化相结合的

社交体验。事实上，当前元宇宙能够为用户提供的社交体验的核心就在于游戏性带来的高沉浸度社交体验和丰富的线上社交场景。同时，虚拟化的身份能够扫清物理距离、社会地位等因素造成的社交障碍，给予用户更强的代入感。通过个性化建立虚拟身份，用户可以将虚拟化的身份打造成自己喜欢的样子，从而给予用户更强的代入感，像Roblox拥有丰富的Avatar商店，用户还可以自己创造道具来彰显个性。同时，虚拟社交平台消除了一系列社交障碍，包括物理距离、相貌打扮、贫富差距、种族和信仰差异等因素，使用户有机会毫无压力地表达自我。

基于游戏性，元宇宙能够带来高沉浸度的社交体验和丰富的线上社交场景。元宇宙是在游戏架构的基础之上打造的虚拟世界，为用户提供高沉浸度的体验。同时，用户的各种游戏行为本身承载着社交功能。以《魔兽世界》为例，玩家之间的公会、好友系统承载着社交属性，可以通过战场、副本等模式形成社交互动。《剑网3》等MMORPG游戏中组队刷副本和阵营大战的机制，以及《王者荣耀》《和平精英》等竞技类游戏中多人组队开黑的机制都承载着社交属性。此外，《摩尔庄园》等游戏的加入，将会上升到社交活动的高度，极大地丰富了社交场景。除了游戏互动，像Roblox和Fornite均拥有派对模式，供玩家在虚拟世界举办派对或者演唱会等，《摩尔庄园》则与草莓音乐节联动并邀请新裤子乐队开启在线蹦迪模式。

显然，社交是打通虚拟世界和现实世界边界的重要手段之一。随着底层技术的提升和社交场景的拓宽，元宇宙带来的沉浸感和拟真度将进一步升级，元宇宙也将能够为用户提供更加沉浸和丰富的社交体验。

以陌生人社交软件 Soul 为例。Soul 为用户搭建了一个虚拟世界，同时打通了虚拟世界与现实世界的边界。用户在 Soul 中通过虚拟身份进行社交，社交障碍得以消除，用户拥有更自由的表达空间。同时，在 Soul 中用户可以通过群聊派对讨论、听音乐、学习等，也可以在 Soul 中玩狼人杀等游戏，甚至通过 Giftmoji 为自己或他人购买现实中的商品。

在内容领域，元宇宙的愿景是打造一个极度真实的虚拟宇宙，其本质是持续扩张，从有序到无序的熵增过程，对内容的体量、内容之间的交互，以及持续的内容再生有着根本性需求，只有当内容达到足够大的体量才可以被称作元宇宙。因此，在短期内，元宇宙还要不断地进行内容扩张，为用户提供更丰富的内容供给和更沉浸的内容体验。

目前，很多电影公司和漫画等内容创作者都企图通过构建"世界观"打造自己的 IP 宇宙，如"封神宇宙""唐探宇宙"等，都是旨在打造一个自恰且内容可以不断扩张的世界。以现阶段最成功的漫威宇宙系列电影为例，2008 年的《钢铁侠》开启了漫威宇宙系列的序篇，至此已经历了三个阶段，电影《黑寡妇》将开启系列的第四阶段。漫威电影建立在漫威漫画的架空世界基础之上，与其他漫画、电影 / 动画等系列同属一个官方认可的多元宇宙。从漫画到单英雄电影，再到各英雄的联动发展的同时，漫威也从各类衍生品中加强其宇宙生态的渗透，如游戏、线下乐园等。单一 IP 或者多个独立 IP 并不能构成宇宙，打造一系列 IP 及其之间的强关联度，通过各种形态的内容丰

富世界观，再加上用户一系列的二次创作才能被称为宇宙。

基于此，在腾讯"泛娱乐"概念下，产业链全方位的内容供给和持续的内容衍生，具备发展为内容领域的元宇宙的潜力。腾讯或将依托其在社交网络等领域的强大影响力，通过内部孵化与外部投资在泛文娱板块内积极布局，在网络文学、动漫、在线音乐、影视制作、视频平台、网络游戏等领域均成为细分赛道翘楚，围绕 IP 逐步打造广泛延伸且影响力巨大的文娱矩阵。

宇宙的边界不断扩张，除了 PGC，需要有丰富的 UGC 内容不断拓宽边界。Andreessen Horowitz（简称 a16z）将内容生产演进分为四个阶段，当前我们已经从 PGC 进入到 UGC 阶段，内容产能和主流社交形态均实现了跨越式提升。以《GTA》等开放世界游戏为例，单纯第一方游戏内容的边界仍受到专业团队产能的限制。但是，随着玩家自己制作的 MOD 涌现，可以添加或替换游戏内容，极大地丰富了游戏的内容体系。

UGC 是内容生态的第一级引爆器，以头部内容平台抖音、快手、B 站等为例，除了一部分专业的 PGC 内容生产者，广大 UGC 内容创作者形成了不断膨胀的内容库，甚至部分 UGC 的内容生产能力达到了 PUGC 水平。B 站在 2021 年第一季度的活跃内容创作者达 220 万人，同比增长 22%，月均高质量视频投稿量达 770 万件，同比增长56%；单活跃 Up 主月均视频投稿量增加至 3.5 件，环比提升 0.5 件，从而带动 B 站日均视频播放量达 16 亿次，同比增长 45%。

此外，大量高质量的 UCG 内容产出还需要引入 AI 赋能的内容创作。目前已有公司在进行 AI 创作的探索，如 Roblox 通过机器学习技术能将英语开发的游戏自动翻译成其他语言，包括汉语、法语和德语等。同时，字节跳动、百度、科大讯飞等厂商均已推出 AI 虚拟主播并实现交互等功能。虽然我们仍处在人工智能的发展阶段，但人工智能工具的升级和采用，能使内容创作变得更轻松，进而使创作者专注于内容质量。随着 AI 的不断渗透，未来内容生产有望最终进入全 AI 创作内容阶段。随着大量高质量内容的涌现，用户在虚拟世界里将能够获得更加多元化的优质内容体验。

随着技术水平的提升，未来内容的沉浸式体验有望得到进一步升级。相比于传统视频，元宇宙时代下的内容将以更真实、深入的方式呈现。在影视方面，以 VR/AR 互动剧的形式呈现，增加用户的体验感；结合多人社交互动模式，打造成沉浸式线上剧本杀；通过人工智能实现真正意义上的开放式剧情，打造多重分支，并根据玩家选择匹配相应剧情等。

在音乐方面，可以实现音乐结合沉浸式 MV 体验，或结合 K 歌模式有机会和喜爱的歌手、偶像在虚拟舞台上同台表演。

在小说阅读方面，可以实现沉浸式小说阅读体验。随着内容体验的进一步升级，元宇宙有望比当前的主流交互形式（如短视频、音乐等形式）获取更长的用户时长，尤其是对于原生互联网受众群体。

长期：渗透生产生活

元宇宙的长期发展趋势其实是开放式命题。尽管日前各项前沿技

术在快马加鞭地发展着，人类需求的升级节奏不断加快，一定程度上都加速了元宇宙的进度，但不确定性依旧很多。就好比 20 世纪末的人们不会想象到 30 多年后可以人手一部手机、无纸化办公、开放式社交和数字化购物的今天。

但即便有诸多的不确定性，元宇宙的发展路径也依然有迹可循。显然，元宇宙的渗透将主要发生在能提升生产生活效率的领域。其中，以 VR/AR 等显示技术和云技术为主，全真互联网指导下的智慧城市、逐步形成闭环的虚拟消费体系、线上线下有机打通的虚拟化服务形式，以及更加成熟的数字资产金融生态将构成元宇宙重要的组成部分。区块链技术的发展则成为连接元宇宙底层与上层的桥梁。

显然，在元宇宙整体架构的基础设施、数据和算法层之上，在应用层之下，需要一套完善、缜密且成熟的技术系统支撑元宇宙的治理与激励。区块链基于自身的技术特性，天然适配元宇宙的关键应用场景。区块链是一种按时间顺序将不断产生的信息区块以顺序相连方式组合而成的一种可追溯的链式数据结构，是一种以密码学方式保证数据不可篡改、不可伪造的分布式账本。区块链借助自身的特性可以用于数字资产、内容平台、游戏平台、共享经济与社交平台。

一方面，元宇宙治理环节的特征在于，元宇宙由无数家中心化机构和无数个人共同参与构建，因此应该是分布式、去中心化与自组织的。另一方面，元宇宙激励环节的特征在于确保数字资产的不可复制，因此可以保障元宇宙内经济系统不会产生通货膨胀，确保元宇宙社区的稳定运行。

凭借区块链技术，元宇宙参与者可以根据在元宇宙的贡献度（时间、金钱、内容创造）获得奖励。而可以用来表示独特物品所有权的代币——NFT，将充当元宇宙激励环节的媒介，在元宇宙中扮演关键资产的角色。

NFT 带来的数字稀缺性非常适合收藏品或资产，其价值取决于供应有限。一些最早的 NFT 用例包括 Cryptokitties 和 CryptoPunks（10000 个独特的像素化字符），像 Covid Alien 这样的单个 Crypto Punks NFT 售价为 1175 万美元。2021 年，流行品牌开始创建基于 NFT 的收藏品，如 NBA TopShot，这些 NFT 包含 NBA 比赛的视频精彩瞬间而非静态图像。

由于 NFT 引入了所有权机会，NFT 还为游戏提供了重要的机会。虽然人们在数字游戏资产上花费了数十亿美元，如在《堡垒之夜》中购买皮肤或服装，但消费者不一定拥有这些资产。NFT 将允许玩基于加密游戏的玩家拥有资产，在游戏中赚取资产，还可以将它们转移到游戏之外，并在其他地方（如开放市场）出售资产。

随着未来元宇宙经济系统的完善，泛娱乐沉浸式体验平台将实现长足发展，元宇宙也将基于泛娱乐沉浸式体验平台的基础向更多的体验拓展。部分消费、教育、会议、工作等行为将转移至虚拟世界，同时，随着虚拟世界消费行为的不断升温，将反过来带动部分虚拟平台间实现交易、社交等交互。

未来，各虚拟平台将作为子宇宙，逐渐形成一套完整的标准协议，实现各子宇宙的聚合并形成真正意义上的元宇宙。这些子宇宙依然保持独立性，只是通过标准协议将交互、经济等接口统一标准化并实现互联互通，元宇宙由此进入千行百业的数字化全真互联网阶段。

创建元宇宙犹存困境

元宇宙是人们关于未来互联网的美好设想。但是，当前技术条件下我们仅初步达到了步入元宇宙时代的门槛，网络、社交平台、VR/AR 技术只是人类进入元宇宙的基本前提。当前，元宇宙的发展仍面临诸多难题。若要更好地实现元宇宙低时延、便捷的特性，未来还需要在通信、算力、交互方式、内容生产、经济系统和标准协议等领域持续突破，拉近与元宇宙时代的距离。

消弭数字鸿沟道阻且长

从元宇宙发展角度来看，元宇宙得益于数字社会的发展，是当前互联网的进阶形态。全球互联网用户过去十年维持高增长，根据互联网世界统计（IWS）的数据，截至 2020 年 5 月底，全球互联网用户数量达到 46.48 亿人，占世界人口的 59.6%，过去十年其年均复合增速达 8.3%。

社交平台的拓展与深化创造了元宇宙的支撑框架。元宇宙最终要实现多个个体在虚拟世界的交互，在聚合用户的过程中社交平台起到了关键作用。全球社交平台正在快速扩张中，We Are Social 和 HootSuite 在 2021 年 1 月联合发布的《数字 2021 报告》显示，目前全球社交媒体用户数达 42 亿人，超出 2020 年同期 4.9 亿人，同比增长超过 13%，占世界总人口的 53% 以上。

社交平台活跃用户数量与日均使用时间均增长可观。《数字2021 报告》显示，2020 年 16 ~ 64 岁用户日均在社交媒体花费的时间达 2 小时 25 分钟。在全球主流社交平台中，6 个平台拥有超过 10亿人的月活用户，排名前列的 17 个平台月活用户数量均超过 3 亿人。

与此同时，元宇宙的发展也受制于数字社会的发展，数字鸿沟就是数字社会发展过程中的巨大障碍。数字鸿沟是一个多维的复杂现象，从国际到国内，从发达国家到发展中国家，都普遍存在。早在20 世纪 90 年代，数字鸿沟的概念就已经被提出，随着互联网的日益广泛使用，数字鸿沟成为一个笼统的标签或比喻，用来说明人们在对互联网的采纳和使用上存在的差距。

从全球范围来看，根据联合国教科文组织的统计，只有一半以上的家庭（55%）接通互联网。在发达国家中有 87% 的人口能够上网，在发展中国家这一比例为 47%，而在最不发达国家中网络接通率仅为 19%。据统计，全球共有 37 亿人无法访问互联网，其中多数来自较贫穷的国家。

另外，在一些国家，由于设备的成本过高，也使一部分人被锁定在手机所有权之外。在撒哈拉以南的非洲地区，1GB 数据（可以播放一小时标清电影）的费用接近当地月平均工资的 40%。据世界银行的统计数据显示，非洲有 85% 的人每天生活费用不足 5.50 美元，所以大多数非洲人认为自己已被数字鸿沟所隔离。

除了国际间的数字鸿沟，不论是发达国家，还是发展中国家都存在不同程度的数字隔离。以美国为例，有超过 6% 的美国人享受不到

高速的网络连接。在澳大利亚，这一数字为 13%，甚至还有近三分之一的高收入家庭也没有连接互联网。数字表明，即便在世界上最富裕的国家，也并非所有人都能拥有网络服务。

微软一项名为 Airband 的农村互联网项目研究表明，超过 1.57 亿名美国人不能以宽带速度使用互联网。如果没有适合的宽带连接，这些人将无法开办或经营现代企业、无法使用远程医疗、不能接受在线教育，以及不能对农场进行数字化改造或在线开展学术研究。

在中国，目前信息技术开始向国民经济各产业全面渗透，数字化的发展重心从消费领域向生产领域转移，数字化成为产业转型升级的重点。2018 年，我国产业数字化规模超过 24.9 万亿元，占 GDP 的比重达到 27.6%。但是，农业数字化进程落后、数字化增加值增长缓慢。2018 年，中国服务业、工业、农业中数字经济占产业增加值的比重分别为 35.9%、18.3% 和 7.3%，分别较 2017 年提升 3.28、1.09、0.72 个百分点，农业产业显著落后。

欠发达地区与发达地区、城乡地区之间的数字鸿沟并未随着中国经济的快速发展而消失。据 2020 年 4 月中国互联网络信息中心发布的第 45 次《中国互联网络发展状况统计报告》显示，截至 2020 年 3 月，我国互联网普及率达到 64.5%，而农村互联网普及率仅为 46.2%，农村网民规模仅为城镇的 39.3%，占非网民整体的 59.8%。

毫无疑问，数字鸿沟带来的影响是广泛而又深远的，数字鸿沟的存在和持续扩大，会使基于数字经济的利益分配趋向不均等化，也会阻挡社会进入真正的元宇宙时代。因此，在全球范围内实现互联网全面覆盖每一个个体的终极目标是元宇宙发展必然要克服的障碍。

仍需突破技术桎梏

以 5G、云计算、人工智能、VR/AR 为代表的数字技术的快速迭代和高速发展，为元宇宙的出现提供了技术支撑。但同时，元宇宙的进一步发展也受现阶段技术水平的桎梏。不论是 5G 和云计算，还是算力、人工智能、VR/AR/MR，现阶段的技术水平和行业生态都尚未完全成熟，技术依旧有待提升。

任何技术的发展都有周期，这一理论框架在 1995 年由高德纳咨询公司（Gartner）提出，正用于分析预测及推论新科技的成熟演变速度，以及达到成熟需要的时间，用以追踪新兴技术的演进。简单来说，技术成熟周期表明，新技术的生命周期趋于一致且遵循着五个阶段的发展模式。

第一阶段是技术萌芽期，这意味着一种新技术的诞生。新技术在一些行业前沿展会展出之后，由于其新奇性、高科技含量而被各大媒体广泛报道。第二阶段是期望膨胀期，一些企业会推出相关产品。在这一阶段，有很多成功的案例，也有很多失败的案例，让很多企业暂停创新。第三阶段是幻想破灭期，新产品、新服务达不到公众的预期。一旦进入第四阶段——复苏期，那么此后新技术将稳步发展，步入成熟期并最终跻身主流市场，即进入第五阶段——实质生产高峰期。

正如《掌握技术成熟周期》的作者马克所言："人们通常会为一个新创意实现的可能性感到兴奋，因为它意味着可能对现实产生巨大的冲击，然而有时企业要意识到把一个创意变成现实是异常困难的……有时候需要几年时间才能解决问题。在经过了第三阶段幻想破

灭期的筛选之后，市场剩存的已经不多了，而那些还能继续存活下来的，往往经过了重塑、重新包装或再度改造。"

不论是 VR，还是人工智能，都经历过这样的周期。VR 在 2016 年曾被视为朝阳产业，被列入"十三五"信息化规划等多项国家政策文件，国内厂商也纷纷入局，整个行业处于井喷状态。但由于技术不成熟和价格高昂，2017—2018 年，行业进入严冬。直到 2019—2020 年，随着 VR 内容生态的完善和 Oculus 产品的爆卖，VR 行业才重新进入高速发展期。

人工智能在 1956 年诞生后，成为当时热门的研究技术。即便是在 20 世纪 60 年代，在抽象思维、自我认知和自然语言处理功能等人类智能对机器来说还遥不可及的情况下，研究者们依然对人工智能保持美好愿景与乐观情绪。当时的科学家们认为具有完全智能的机器将在二十年内出现，以至于当时的科学家们对人工智能的研究几乎是无条件支持。时任 ARPA 主任的 J. C. R. Licklider 相信他的组织应该"资助人，而不是项目"，并且允许研究者从事于任何感兴趣的方向。

但是好景不长，人工智能的第一个寒冬很快到来。20 世纪 70 年代初，人工智能开始遭遇批评，即使是最杰出的人工智能程序也只能解决它们尝试解决的问题中最简单的一部分，也就是说，所有的人工智能程序都只是"玩具"。人工智能研究者们遭遇了无法克服的基础性障碍。随之而来的还有资金上的困难，人工智能研究者们对其课题的难度未能作出正确判断：此前的过于乐观使人们期望过高，当承诺无法兑现时，对人工智能的资助就缩减或取消了。

如今的元宇宙，作为诸多技术的集大成者，并不是成熟的。元宇宙概念似乎正停留在技术成熟周期的第一阶段，饱受关注却又缓慢发展。元宇宙还将经历诸多的考验，其发展也可能比预想更难、更贵和更慢。

缺乏标准协议和经济系统

标准协议和经济系统是元宇宙将无数子宇宙聚沙成塔的关键要素。类比 PC 互联网和移动互联网时代的 TCP/IP 协议和 TD-LTE 标准，元宇宙的形成需要一套完整的标准协议，包括用户身份、数字资产、社交关系、应用 API 等方面的一系列通用标准和协议。

标准协议的存在可以使用户在元宇宙中的身份在各大公司旗下的平台（子宇宙）实现互通，同时，用户所持有的数字资产和内容同样需要互通。此外，各平台之间的 API 需要实现标准化从而允许数据、交易等信息在各子宇宙中交换和流通，而这涉及巨大的开发工作量。元宇宙的形成还需要像腾讯、Facebook、Roblox 等的一系列平台达成标准化协议，同时也需要保证元宇宙符合各国家和地区政府的合规要求。

元宇宙还需要基于 NFT 模式形成一套将数字信息资产化的机制，并形成能够流通交易的经济系统。除此之外，NFT、数字货币（去中心化，如比特币；中心化，如数字人民币）、现实货币等需要形成一套完整的支付、兑换、提现等体系。只有形成了完整的标准协议和经济系统，元宇宙才能实现真正意义上的积沙成塔。

假设没有标准协议和经济系统，虽然像腾讯、Facebook 等巨头，以及米哈游、Roblox、Epic Games 等厂商可以在技术水平不断提升的基础下实现搭建出若干子宇宙的愿景，但子宇宙之间是相互割裂的。这并不能形成元宇宙，而仅仅是一系列高度沉浸的游戏、社交或产业互联网平台。标准协议和经济系统的出现则将一系列子宇宙聚合成一个真正意义上的元宇宙，并且这些子宇宙依然保持独立性。只有通过标准协议，才能将交互、经济等接口统一标准化，实现互联互通。

元宇宙的形态将随着科技水平的提升而不断扩张。同时，各赛道将接入元宇宙体系，实现在游戏、社交等泛娱乐领域，以及学习、生产、生活等千行百业的数字化全真互联网时代。

亚健康的元宇宙

在硬件、基础设施的加速推进之下，元宇宙雏形已经初现。展望未来，元宇宙还将在平台生态、硬件需求、基础设施、内容形态等方面带来全新的机遇。但目前，元宇宙产业还处于像素游戏的初级阶段。元宇宙产业生态系统也处于亚健康状态，距离实现真正的平行虚拟世界仍然任重道远，因为其还具有新兴产业的不成熟、不稳定的特征。展望未来，元宇宙发展不仅要靠技术创新引领，还需要制度创新，包括正式制度和非正式制度创新的共同作用，才能实现产业健康发展。

舆论泡沫有待去除

在资本的吹捧下，非理性的舆论泡沫呼应着非理性的股市震荡。2021 年 3 月，业内人称"元宇宙第一股"的美国游戏公司 Roblox 在纽交所挂牌上市。这直接推动了元宇宙概念的出圈，让其成为投资人竞相奔赴的热门赛道。

2021 年 4 月，游戏开发商 Epic Games 宣布完成 10 亿美元的巨额融资，用于打造元宇宙空间。7 月，Facebook 创始人扎克伯格在第二季度财报会上宣布，将成立元宇宙项目团队，最终目标是在 5 年后将 Facebook 完全转型为元宇宙公司。除此之外，在图像技术领域有着较深厚技术积累的英伟达也看中了这一领域。8 月初，公司宣布将联手 Adobe 和 Blender，对 Omniverse 进行重大扩展，在未来会向至少数百万名元宇宙用户开放。

腾讯、字节跳动、网易、百度等也成为了元宇宙的忠实追随者。甚至早在 2012 年，腾讯就已瞄准这一赛道，并在 Roblox 上市前就对此进行了投资。此前更购入 Epic Games 超 40% 的股份，用于打造社交、直播、电商等全业务领域的元宇宙生态。

随着市场的活跃，资本对元宇宙赛道也表现出极高的热情。字节跳动收购 Pico 的消息一经传出，便在二级市场引发了极大的关注。A 股多支 VR、AR 概念股均发生异动，宝通科技、金龙机电一度涨停，歌尔股份盘中大涨。经纬中国、真格基金、五源资本等一线基金也在积极入局。例如，五源资本在游戏引擎方面投资了 Bolygon，在游戏领域投资了 Party Animal 团队等，在虚拟 AI 方面投资了超参数和元

象唯思等公司，在社交领域投资了绿洲 VR，几乎覆盖了元宇宙赛道的全部重点领域。

大把"热钱"正在涌入元宇宙概念股。据 VR Pinea 的数据统计，仅 2021 年 6 月，我国 VR/AR/AI 领域就有 27 笔融资并购。此外，从锤子科技独立出来的 VR 工作室 Recreate Games，于 2020 年 10 月打造的国产独立游戏《动物派对》Demo 大火后，投资方此前根据元宇宙概念给出了数亿元估值，其身价瞬间翻倍。

不难发现，尽管还是一个新生市场，但巨头已经开始争抢元宇宙的入场门票。据知名咨询机构 IDC 预测，2021 年全球 VR 虚拟现实产品同比将增长约 46.2%，未来几年将持续保持高速增长；2020 年至 2024 年的平均年复合增长率或将达到 48%。

然而，从产业发展现实来看，尽管目前元宇宙呈现加速发展态势，但仍处于从 0 到 1 的早期阶段。元宇宙产业仍处于社交 + 游戏场景应用的奠基阶段，还远未实现全产业覆盖、生态开放、经济自洽、虚实互通的理想状态。元宇宙的概念布局仍集中于 XR 及游戏社交领域，技术生态和内容生态都尚未成熟，场景入口也有待拓宽，理想愿景和现实发展间仍存在漫长的"去泡沫化"过程。市场要真正成型，至少还需要数年时间。

以内容为例，目前国内尽管已拥有 Pico 等元宇宙硬件厂商，但与之搭配的游戏、影音等 VR 内容生态却并不健全。目前真正能被称得上已出圈的 VR 高质量内容只有《节奏光剑》《半衰期：爱莉克斯》等几款，真正硬核的 VR 内容是缺乏的，这会劝退一大批用户，无法吸引他们长期使用。更关键的是，这其中还涉及用户隐私数据收集、虚拟空间社会体系建立等敏感问题，这些都会成为巨头们构建元宇宙生态过程中的阻碍。

显然，通过创造新概念、炒作新风口、吸引新投资进一步谋取高回报，已成为资本逐利的惯性操作。从拉升股价到减持嫌疑，从概念炒作到资本操纵，从市场追捧到监管介入，雏形期的元宇宙仍存在诸多不确定性，产业和市场都亟需回归理性。

经济风险需要规避

事实上，元宇宙经济就是数字经济的一个最佳范例，元宇宙是一个完整的、自洽的经济体系，是纯粹的数字产品生产、消费的全链条。元宇宙经济并非是单纯的产业革命，它革新了价值创造的方式，再定义了价值分配的过程，与植根于传统实体经济的旧思想、旧秩序以及旧阶层存在显著的矛盾。要紧跟元宇宙经济变化发展，就需要更科学地认识元宇宙经济基本面，规避元宇宙发展中可能出现的经济风险，推动元宇宙经济健康发展。

首先，元宇宙将是一个持续运转的世界，企业如何通过元宇宙商业变现是需要长远考虑的问题。在 Roblox 游戏中，玩家使用虚拟货币 Robux 购买特定游戏的准入权和虚拟角色等，Roblox 作为平台方从交易中抽成。在这样的模式里，游戏内部形成了经济系统。数据显示，2020 年约有 127 万名开发者在 Roblox 上获利，有 1287 人的虚拟货币收入至少达 1 万美元。

不过，根据财报来看，自 2004 年成立以来，Roblox 目前还处于高增长、高亏损的状态，2020 年净亏损 2.53 亿美元。因此，在商业层面上，玩家、游戏商、平台等相关方资金如何分成、商业模式还有待明晰。并且，除了在社交、直播、游戏、艺术等方面变现，元宇宙还可以通过智能硬件、AI 服务、数字货币以及生态应用商店完成商业化变现。不论是怎样的变现渠道和途径，商业模式都需要进一步明晰。

其次，元宇宙与国家还存在着深刻的张力。不同国家或拥有不同的元宇宙，又可同时打造跨国元宇宙，彼此之间存在竞合关系。对于本国来说，政府的元宇宙经济战略显得更加重要。这也提示我们，在新元宇宙时代，需要采取更全面、主动的举措发展元宇宙经济。这意味着政府在制定元宇宙经济战略时，应综合考虑不同政策能为经济活动各领域带来的潜在收益以及面临的阻碍。

事实上，在元宇宙产业的发展路径选择上，从现实世界过渡到虚拟的元宇宙的过程当中将面临许多现实困境。新事物的出现给传统的运行和监管模式带来冲击，体制机制壁垒众多。在技术层面，我国技术基础比较薄弱，技术储备不足。目前的数据治理缺乏手段，对数据要素如何进行采集、存储、管理、共享依旧有待解决。这也提示我们，对于元宇宙经济的发展，需要制定最符合本国国情的数字化战略。在政府层面，一是强化顶层设计，发展路径的探索需要顶层设计给企业做相应的指导；二是强化数字管理和数字立法；三是构建公平开放的市场环境。

元宇宙经济以非排他性的数据为生产要素，能够打破边际递减效应的瓶颈，为经济的持续增长提供动能，是全球经济走出存量博弈并迈向升维竞争的良方。元宇宙经济的发展还将进入新阶段，在这样的背景下，更应建立对元宇宙经济高乘数效应的清醒而正确的认识，从而形成元宇宙经济与实体经济适配的帕累托最优状态，在升维竞争中占据高地。

最后，虽然元宇宙中的货币体系、经济体系并不完全和现实经济挂钩，但在一定程度上可通过虚拟货币实现和现实经济的联动。当元宇宙世界中的虚拟货币相对于现实货币出现巨幅价值波动时，经济风险会从虚拟世界传导至现实世界。元宇宙在一定程度上也为巨型资本的金融收割行为提供了更为隐蔽的操纵空间，金融监管也需从现实世界拓展至虚拟世界。

元宇宙尚无法律规制

尽管元宇宙从游戏发端，但元宇宙显然不是一场游戏。新兴技术来临时，现行规制势必与其有所龃龉。数字时代网络空间本就存在着用户隐私、诈骗、病毒、非法获取信息等安全监管问题，这在元宇宙中同样需要考虑，如隐私风险、知识产权等。

（一）隐私收割如何遏制

元宇宙作为一个超越现实的虚拟空间，需要对用户的身份属性、

行为路径、社会关系、人际交互、财产资源、所处场景，以及情感状态和脑波模式等信息进行细颗粒度挖掘和实时同步。这对个体数据规模、种类、颗粒度和时效性提出了更高层面的要求。元宇宙时代的数据特点还将反作用于个人信息和隐私数据，并对其产生深远的影响。

首先，元宇宙时代的隐私数据还将呈指数级增长。元宇宙建立在大数据之上，其数据具有大规模、强实时的特点，数据的数量、种类、非结构化程度，以及数据收集的频次、实时性、颗粒度将产生极大幅度的提升。

在多重技术支持下的大规模数据收集会更多地触及个人信息和隐私信息，而通过对大量数据的挖掘和整理，就能轻易地为用户进行画像。剑桥分析的"种子用户"来自一款发布在 Facebook 上的心理测试 App，通过分析点赞等社交行为，给人们进行心理画像。"每个美国人身上有 5000 个信息点，基于这些信息点，结合心理学分析，就足以构建一个人的性格模型。"

分析 10 次点赞行为，算法对用户个性的分析就能比用户的同事更准确；只需要分析 68 次点赞行为，就可以估计出用户的肤色（准确率 95%）、性取向（准确率 88%）、党派（共和党或者民主党，准确率 85%）；基于 150 个点赞数据，对用户的了解程度可以超过用户的父母；超过 300 个点赞数据，对用户的了解程度就会超过用户的伴侣。

其次，数据高度关联，隐私牵一发而动全身。元宇宙时代众多场景下的应用高度依赖数据的关联操作，在创造更多价值的同时，也大幅提升了隐私数据的管理难度。相比于过去，传统分析框架下的数据间隔较为明显，却也将隐私数据限定在有限的范围和部门内。

在元宇宙时代，更多的数据被打通，与隐私数据关联后的各类数据也很可能变得高度敏感。虽然可以采取脱敏、去标识化等技术，在应用过程中加以处理，但由于整体环节众多，隐私泄露潜在威胁点也随之增加。科技的进步使我们数据的准确性、实时性都将产生飞跃的发展，建立于其上的各类应用在满足生产、生活和管理需求的同时，也必将更多地渗入关系国计民生的关键领域（如医疗、健康和金融）。一旦隐私数据被泄露，将产生非常严重的后果。

最后，元宇宙时代的数据还具有处理专业性强的特点。随着人工智能的快速发展，深度神经网络等新技术得到了更广泛的运用。基于人工智能的数据处理很多是基于黑盒模式的，这会导致非专业人士对数据处理过程的理解变得非常困难，且容易导致数据歧视、算法歧视等伦理问题。

算法暗箱显现了用户数据权利与机构数据权力的失衡现象。数据是用户的，算法是机构的；数据的收集和使用，对消费者个人而言是被动的，对机构而言则是主动的；机构设计的算法是其意志的模型化，算法赋予机构巨大的数据权力，主动权总是掌握在机构手中。

对机构而言，数据是透明的，哪里有数据，哪里就有机构。数据是用户的，但用户并不知道自己的数据如何被安放和使用，用户数据权利与机构数据权力并不对称。数据处理专业性强的特点不可避免地使个体的隐私边界近乎失守。

显然，数据隐私是大数据时代到元宇宙时代避无可避的难题，个体隐私数据作为支撑元宇宙持续运转的底层资源需要不断更新和扩

张。这些数据资源如何收集、存储与管理？如何合理授权和合规应用？如何避免被盗取或滥用？如何实现确权和追责？又如何防范元宇宙形态下基于数据的新型犯罪形式？

（二）知识产权如何确权

知识产权问题可以说是数字空间一直存在的一个"顽疾"。事实上，在"互联网+"时代，文创产业迎来了新的发展机遇。但是，也正是因为互联网的网络效应、快速传输、低成本性，各种盗版技术层出不穷，使文创产业面临着盗版猖獗的巨大经济损失。

网络盗版直接带来的是诸如工作流失、版权价值缩水、损失大量优秀作品的负面影响；由于网络盗版内容低俗，加上虚假广告、木马病毒、作品质量低下等特点，劣质内容也给用户体验带来极坏的体验，影响消费者对正版作品的感受，造成版权市场的恶性循环。

原本随着知识经济的兴起，IP 本应成为文创产业的核心竞争力要素。但互联网产业生态圈里知识产权侵权现象却愈演愈烈，网络著作权官司纠纷频发，盗版遍地、举证困难、维权成本过高等问题成为文创产业的尖锐痛点。

规范和技术是解决法律问题的两种途径，当法律事后规制的成本较高时，区块链技术提供了更低成本、更有效率的路径。使用区块链技术，可以通过时间戳、哈希算法对作品进行确权，证明一段文字、视频、音频等的存在性、真实性和唯一性。一旦在区块链上被确权，作品的后续交易都会被实时记录，使文创产业在全生命周期可追溯、可追踪。这为 IP 权利证明、司法取证等提供了强大的技术保障和可信度极强的证据。

虽然区块链技术为认证、确权、追责提供了技术可能性，但在元宇宙空间大量的 UGC 生成和跨虚实边界的 IP 应用加剧了知识产权管理的复杂性和混淆性。

元宇宙是一个集体共享空间，几乎所有人都是这个世界的创作者，这也衍生了大量多人协作的作品。这种协作关系存在一定的随机性和不稳定性，对于这种协作作品的团体著作权，仍需要有确切规则。

元宇宙中的虚拟数字人物、物品、场景等元素很可能是来自或者改编于现实世界的实体，这种跨越虚实边界的改编应用很可能会引发知识产权纠纷，包括人物肖像权，音乐、图片、著作的版权等。元宇宙内以人工智能打造的虚拟人物和物品可能会引发版权纠纷。例如，歌手在元宇宙世界进行演出，究竟是商业演唱会形式，还是线上播出形式，继而涉及音乐版权和肖像权问题。

当虚拟游戏中的一名或多名玩家合作创建虚拟商品时，其所有权归谁？这个商品拥有版权吗？是否有可能在虚拟世界中创建、保护或使用品牌形象？内容创作者可以部署哪些策略来保护他们在虚拟世界中的品牌？对于以 C 端业务为主的企业，这些将是至关重要的问题。

显然，元宇宙的风口是存在的，元宇宙也确实是值得期待的未来，只不过它的发展节奏不仅仅与 AR、VR、5G、云计算等技术的发展、成熟度相关，其内容秩序、运行机制等还需要经过公众和社会的多轮讨论。

元宇宙价值新取向

理想概念中的元宇宙是高自由度、高开放度、高包容度的"类乌托邦"世界。作为各种社会关系的超现实集合体，当中的道德准则、权力结构、分配逻辑、组织形态等复杂规则也需要有明确定义和规范。人类具有完全不同的价值取向和信仰，如何确定支持元宇宙的文明框架体系是一个复杂的问题，同时还需考虑如何建立现实世界和元宇宙之间的健康互动关系。

高自由度不意味着行为的不受约束，高开放度也并非边界的无限泛化，元宇宙的社会性很可能比现实中更复杂，社会体系有望发生重大变革。元宇宙发展的同时，与之相关的伦理、道德等都必须随之发展，不然带给人类的很可能不是幸福而是灾难。如何在去中心化的框架中构建元宇宙的伦理框架共识，仍需从多视角进行探索。

元宇宙带来冲击和挑战

元宇宙的出现的确给人类的交往活动和生存状况带来了巨大的冲击和影响，并使作为"类存在物"的人类主体的社会性与共同性得到空前的延伸和扩展。元宇宙的沉浸性、交互性与构想性将使人沉浸于虚拟环境当中，并与虚拟的环境和虚拟的对象以一种自然的、实时的、无障碍的方式进行交互。

但同样不可否认的是，元宇宙又在同时以一种抽象的、另类的方式表现出来，不仅增加了人们行动环境的符号性和虚拟性，而且极大地改变了人类生活世界的面貌，给人类对于自身生活世界的本性和全貌的认知带来巨大挑战。

实际上，自 19 世纪以来，随着科学技术的突飞猛进和工业文明的快速扩张，人类生活世界就已经开始从自然形成向人工创造发生转变。一方面，在人类生活世界的社会环境部分中，以人与人之间原始性的联系（如血缘、地缘）为基础的社会组织包括家庭、家族、宗族、邻里、社区和村落等，逐渐被以具有目的性的法人行动者为基础的各种各样的人工建构的社会组织所取代。另一方面，在人类生活世界的物质环境部分中，自然形成的物质环境，如青山绿水和森林原野等，也逐渐被摩天大厦和高速公路等这些人工构建的物质环境所取代。

但尽管有此两方面的转变，在以互联网为基础的元宇宙出现之前，人与自然之间还是维持着一定的距离，虚拟与现实仍然可以清楚地区分。然而，网络的发展以及元宇宙的出现，却无疑包含了与过去种种人为的科技创新成果截然不同的性质。

在元宇宙中，人类大幅度地创造着更为众多、更为缥缈、更为离奇的符号，这不仅使人的生活世界越来越被这些人造的符号象征世界所制约、消融，使人类在认知上对虚拟世界与现实世界原先相对清楚的区分界限趋于模糊，而且更使"自然"和"现实"概念在人类的生活世界和认知世界中原本具有的初始和基础地位受到挑战。

元宇宙的出现不仅代表了一个要求有崭新的思考和行动方式的时代的来临，同时也预示了一个新的、不同的社会结构的浮现。换句话

说，元宇宙导致了现实和虚拟的混沌和交融，并由此深刻变革了人类社会生活的场所，我们注定要建立元宇宙并以之为基础去把握人类未来生存的方式。

数字时代的新起点

虽然想要发展至真正的元宇宙时代仍存在诸多尚待解决的理论问题和技术障碍，但元宇宙可能对人类生活产生的巨大影响已经初现端倪。搭建元宇宙的底层技术群正日益渗透到人类生活的科学、经济、政治、文化等领域，从而对人类的社会生活产生巨大影响。

可以说，元宇宙的发展将是科学技术发展的必然结果，就像我们无法对抗大自然的力量一样，我们也无法否定数字化时代的存在，无法阻止数字化时代的前进。未来的元宇宙不仅会深刻地影响人类认识世界、改造世界的能力和方式，还将悄然改变着人们学习、工作和生活的环境，以至于越来越多的人开始习惯在元宇宙中生存和发展。人类也将从此开始穿梭于现实世界和虚拟世界之间。

元宇宙时代是一个全新的开始，元宇宙不仅代表了工具的技术革新，更造就了人们的生存方式、生活方式、认知方式、思维方式和价值观等的巨大转变。在某种意义上，元宇宙改变了这个世界，也改变了人类自身。

元宇宙的出现对于人类认知主体的认识结构的完善和认识能力的提升都产生了前所未有的影响。元宇宙丰富了主客体之间的认识关系，加深了人们对于这种关系的理解，为人类的实践活动提供了一种崭新的途径。因此，元宇宙的出现将对传统的认知范式产生重大影响，在很大程度上，可以说是元宇宙造成了认知范式的虚拟性转向。

元宇宙是一系列前沿科技的集合，而技术又是人的存在方式，人类的世界本质上是一种技术的生活世界。在这个世界中，技术是由人构建的，是人的自我创造、自我展现的过程，同时也是人被创造和展现的过程。元宇宙不仅在人们处理人与物理世界的关系中具有革命性意义，而且在人与人、人与社会的关系中也具有重要的意义。元宇宙将极大地促进人们对复杂性事物的探索，从而为人类建立复杂性的思维方式提供了一个良好的范本。

因此，建立元宇宙新的价值取向的同时，只有把技术与人的现实生活联系在起来，尽可能地考察元宇宙建立的各种社会层面的因素，才能在元宇宙的发展方向及相关技术的发展策略方面提供有益的指导，从而少走弯路。未来，我们应尽量避免在元宇宙发展中出现的不必要的浪费。节省人力、物力与财力，提高技术创新的效率，提升技术创新的水平与能力，更加充分、有效地发挥元宇宙在人类认识世界和改造世界中的巨大潜力。

以"共生"为导向

秉持一种"共生"的理想，或许是一种较为合理而明智的选择。进一步说，为了使元宇宙能够真正成为人类通向幸福的阶梯，为了让

信息网络化能够成为一种真正值得人类憧憬的理念，我们需要确立一种以"共生"为导向的理念。即在建立元宇宙的过程中，以寻求虚拟和现实的共生作为设计和建构人类未来生活世界的基本价值和理想，并以此为基础，建立一种能够展现和支撑人类未来生存方式之合理前景的行动平台。

（一）回归仁义礼信

遵循中国传统伦理现实的逻辑起点"义利统一"，是建立元宇宙伦理的必要。

所谓"义"，《中庸》中解释为："宜也。"《管子》中将义解释为："义者，谓各处其宜也。"就是说"义"是适宜、应当、适当的意思，"义"的这一含义早在春秋战国时期就比较明确。《左传·隐公元年》载郑庄公语："多行不义，必自毙。"《庄公二十二年》中记载为："酒以成礼，不继以淫，义也。"《国语·周语下》中道："义，所以制断事宜也。"由此可见，所谓的"义"，是指思想和行为适宜于礼。"义"作为适宜于礼的道德要求，其一般含义就是使自己的思想和行为符合一定的道德标准，达到"义节则度"。

所谓"利"则是指利益、功利。《国语·晋语二》中说："夫义者，利之立也；贪者，怨之本也。废义则利不立，厚贪则怨生。"《禧公二十七年》中说："德义，利之本也。"《国语·周语下》中说："言义必及利。"可以看到，"义"之本体与"利"之客体，价值与功利，二者关系，合二为一、融为一体。

义利统一的伦理原理，是中国传统伦理的本质基因，自始至终贯穿于我国伦理学的全过程。"义"与"利"的关系，在元宇宙时代，必然体现道德思想行为与功利经济行为的因果联系。建立"义利统一"的伦理原则，将帮助建立良好的元宇宙社会秩序，令元宇宙行稳致远。

（二）以人为本

在元宇宙世界，通过人性化的界面，用户可以进入想象空间，而当用户离开元宇宙时，一切都将消失，主体能够无缝地穿梭于两个世界之间。也就是说，人们完全决定了整个元宇宙存在的方式、状态以及时间的长短。

在这样的背景下，人类将更加关注元宇宙能够为我们做些什么，我们又能够在元宇宙做些什么。如何才能够通过充分利用元宇宙的强大潜力来弥补人类自身的不足，从而最大限度地发挥人类的潜能；如何应用人类的智慧打造更加丰富的元宇宙，并由此形成正向反馈。搭建元宇宙的过程，需要遵循以人为本的原则，全面地理解人和人的需要。真正地以人为本，才可以创造出最适合人类发展的元宇宙。

（三）自律原则

自律原则是以"自发"为特征的道德自律，无须外部环境的监督和控制，只以自我约束就能遵守的道德规范和道德准则。自律并不意味着没有规则、没有秩序，更不意味着不需要他律。自律是在他律的

指引下逐渐形成的，是人们在反复实践外在行为准则的过程中不断升华的结果。

在元宇宙的创建过程中，每个参与者都应当做到自律，有明确的道德立场和道德认知，对个体可能造成的社会影响具有清醒的认知。以游戏行业为例，在游戏开发技术日新月异的今天，游戏的拟真化程度日益提高，游戏开发者应特别注意游戏中暴力、血腥、色情等内容对于游戏受众的影响，拒绝将这些因素作为游戏作品的噱头。同时，游戏开发者还应在追求经济利益的同时，在游戏作品中主动宣扬"正能量"，如匡扶正义、对抗邪恶等。

从现实中来，到现实中去

"虚拟"并不神秘，它归根结底是人类抽象思维的一种特性。事实上，"虚拟"本身也贯穿了人类文明和文化发展过程的始终。

在人类文明的发展进程中，首先出现的是"实物虚拟"。在语言符号出现以前，人类的信息传输主要靠实物和人体自身的表达特征。虽然实物和人体是信息传输的介质和媒体，但它们所表征和传输的信息却具有"虚拟"的性质。"实物虚拟"以一定的具体实物作为媒体介质，表达一定的意义和信息。

其次出现的是"符号虚拟"。自从文字符号出现之后，人类的大部分信息就通过文字符号进行传输和存储，文字符号也就此成为媒体介质。虽然人类使用的文字符号是一种有形的媒体介质，然而文字符号所传输和存储的信息却是无形的，具有"虚拟"的性质。

"虚拟"的第三个阶段就是当前的"数字虚拟"。"数字虚拟"依托于互联网技术及一定的符号和图像，其虚拟的信息是转换成计算机语言后的数字化信息。这些信息以二进制为换算法则和运算因子，以比特为信息的基本单元。"数字虚拟"对现实的虚拟是超时空、大容量、逼真无损、共享和全方位的，它使"虚拟现实"真正成为可能。元宇宙则彻底将这种"可能"变成了"现实"。

元宇宙是信息技术发展的高级阶段。但从社会角度，还需要指出，元宇宙的生成与发展依赖于现实世界，又反作用于现实世界。

一方面，元宇宙不完全是一种人造的数字化空间或现实世界的数字化映像。元宇宙作为人类制造出来的一种非实在性事物，其非实在性在于，元宇宙中的一切事物（包括它本身）都是信息的集合，而非物质的集合。另一方面，元宇宙也只能部分地、有条件地反映人类思维空间中的事物。元宇宙是虚拟演化的最终形态，区分其与现实世界的关系对于人类社会的发展具有重要意义。

元宇宙的诞生离不开现实世界

无论是从元宇宙的构成还是从其发展来看，元宇宙都依托于现实世界，是对现实世界的再现和折射。

首先，元宇宙在时间和逻辑上都在现实世界之后。在元宇宙的技术基础这一意义上，元宇宙的"真"由现实世界（如软件、全息图像、计算机设备、自然语言、传感手段和模式识别等物质载体）所支撑。尽管元宇宙中的世界具有不同于现实世界的特点，但元宇宙归根结底是由现实世界制造的。

当然，目前的元宇宙技术还很"初级"，但即便元宇宙技术发展到了最终的理想状态，元宇宙仍然要以现实世界为基础，而不是脱离其物质载体独立存在的。这是由人类生存和发展的规律所决定的。从更广泛的意义上来说，人类认识和改造现实世界的程度决定了元宇宙发展的程度。

"数字化虚拟"既直接体现了人类认识和改造现实世界的能力，又直接反映了人类认识和改造现实世界的局限性。人类对现实世界的认识和改造，也会对自身进行新的认识和改造，这是一个无止境的过程。与之相适应的是，"数字化虚拟"的发展也是一个无止境的过程。

其次，元宇宙作为人类借助于现代科学技术模拟和建构的世界，之所以能与人们在现实世界的直接存在方式相似，从根本上说，是因为人类首先是现实世界的主体，然后才是元宇宙的主体。人类首先创造了属人的现实世界，然后创造了属人的虚拟世界。人类是这两个世界的主体，是这两个世界的创造者。

正是基于这一点，现实世界与元宇宙连接起来。无论是现实世界的主体，还是元宇宙的主体，都是活生生的现实的人类。人类按照自己的需求和利益改造现实世界，同时按照自己的需求和利益对现实世界进行模拟和建构，创造出一个属人的元宇宙。

因此，无论是现实世界，还是元宇宙，都是人类本质力量的实现和体现。就元宇宙而言，人类作为其建构者和操作者，使元宇宙中的事物、情景所产生的实在感必然是以主体的现实情景为基础的。元宇宙的技术装备必须由人类穿戴方可发生效用。在人类与元宇宙中的对象进行交互作用的过程中所产生的视觉、听觉、嗅觉、触觉等多重感官信号，只有现实的人才有能力识别。

元宇宙对现实世界的人类的强依存关系，决定了元宇宙的生成必然要依托于现实世界。元宇宙的客体来源于现实世界。元宇宙作为人类表达现实世界的一种方式，它的特殊性表现在运用二进制的数字表达对现实世界进行"数字化模拟和建构"。

一方面，"模拟"必然与现实世界客体密不可分。元宇宙之所以能够让人获得与现实世界相似的感官体验——在视觉、听觉、嗅觉、触觉上可以与现实世界客体相混同的感官体验，甚至能带给人以全方位的临境感，这恰恰是因为元宇宙与人们在现实世界的直接存在方式一致。

另一方面，元宇宙中构建的"虚拟客体"是在来自真实客体的信息材料基础上的构建，是在现实世界的基础上通过人的理性加工而成的。没有现实客体作为基础，"虚拟客体"的构建是不可能实现的。人类模拟和构建的元宇宙，对模拟主体而言，它是一个属人的客体世界。

显然，如果不与现实世界密切相关，元宇宙提供给人类主体的就只能是一个陌生的境界，深入其境的人就会像计算机游戏的初玩者一样茫然，陷入手足无措的尴尬状态。

元宇宙的繁荣依赖于现实世界的发展

元宇宙是信息技术发展到一定阶段的成果。显然，没有诸如5G、云计算、人工智能、VR/AR 技术的发展和成熟，元宇宙也不可能诞生，依然只能存在于科幻作品中。也就是说，元宇宙要想得到进一步发展，仍需要依托于现实世界的发展，依赖于科学技术的不断创新。技术的发展进程不仅会影响元宇宙在实际应用中的各方面，更会影响元宇宙在其他新领域的广泛应用。

此外，现实世界的发展不仅为元宇宙的发展提供了参考依据，而且是后者发展的最终归宿。这是因为，在元宇宙中，人们以主体的身份与"虚拟客体"进行交互作用，这种交互作用所造成的"虚拟客体"的变化并不能与现实世界客体的变化相对等。"虚拟客体"的变化只是对现实改造活动的模拟演示，而并非真正的现实活动。

元宇宙要发挥真实的效用就需要人们充分吸取在元宇宙中获得的经验，并且把这些经验运用于对现实世界的改造。也就是说，对现实世界的改造绝不可能在元宇宙中完成。元宇宙最终效用的发挥必须回归于现实世界之中，即对现实客体的改变必须由"虚拟"方式的改变转换为现实方式的改变，这样才能影响现实世界。

因此，从根本上说，现实世界的发展决定"虚拟现实"的发展，而元宇宙的发展又最终服务于现实世界的发展，服务于人们更好地认识和改造现实世界。

元宇宙将超越现实世界

在元宇宙中，人们以数字化方式生存。显而易见，元宇宙突破了现实世界的时空局限性，它能展现现实世界中不可能的可能，而这又是对现实世界的超越。

首先，在传统的物理世界中，人的一切活动必然要受到社会实践活动的制约，并随着社会实践的发展而发展。因而，人类的目的就是创造出符合人类要求的理想境界。可以说，虚拟现实技术就是人类这一追求在当代的表现。

在以往的社会中，个人往往被淹没在集体之中。尤其是在工业文明出现后的资本主义社会里，生产实践标准化、模式化，生产的目的是尽可能地获取高额利润，个人的需要往往被忽略了。在这种情况下，个人一般只能作为被动的接受者，而很少有自主选择的机会和权利。人类的个性化特质往往被遮蔽在社会的整体性之中，而数字化生存则为人类提供了一个个人自主性的空间。

在元宇宙中，人类将不再受物理世界的控制和干扰，个体自由、主体独立变成可能。可以说，人类的个性在元宇宙中将得到最大限度的张扬，人类的个性化特质在元宇宙中将获得最充分的展示。在"数字化"的元宇宙中，人人都是主人，人人都可以自由选择，这充分体现了主体的自主性、独立性。这对于人类的自由全面发展，超越自然和社会对人类的束缚，具有重要的解放意义。

元宇宙为人类的自由提供了新的契机，人们可以从日常世俗的、为各种压力所拘束的生存状态中解放出来，在某种程度上进入自由的

生存状态，摆脱权力、法律等现实世界的压力，不再考虑年龄、种族、性别、身份等问题，而只是作为独立的人存在。

在"虚拟空间"里，人们甚至可以把自己设定成各种各样的角色，选择自己感兴趣的生活，恣意地表达自己的想法、情绪，表现想要表达的那部分自己，将自己全部的人生积累都充分地释放出来。正是在这种与世界的直接照面中，平时在有限的功利活动中被遮蔽、被悬置起来的人生意义才会真实地突显出来。主体调用全部的理智和情感去拥抱这种意义，获得一个完整的世界。

在元宇宙中，生命获得了极大的自由，心灵得到了空前的解放，主体体验到一种沉醉的快意。正是在这种意义上，元宇宙的本质将超越技术，元宇宙的终极承载，则是要改变和弥补我们的现实感，而非掌控、逃避、娱乐或交流。

元宇宙的发展促进现实世界的发展

由于现实条件的限制，在当代社会人们不可能随着自己的心愿体验各种各样不同的生活经历。人们的学习、工作和生活往往局限于一定的范围之内，遵循着固定的模式。

然而，"虚拟现实"的产生恰恰为人们提供了这样一种可能。人们不需要被固定化为一个猎人、渔夫或牧人，只要通过沉浸在设置好的元宇宙场景中，就可以体验猎人追踪猎物的紧张刺激、渔夫垂钓的悠然自得、牧人放牧塞外的"风吹草低现牛羊"，这在很多最新的游戏中已经得以实现。

虽然元宇宙不是现实的场景，但是它给人带来的主观体验却是真实有效、相当震撼的。当前，随着虚拟现实技术的不断发展，"虚拟"与网络通信已经逐步、并将进一步有效地结合起来。众所周知，在网络空间中，人们可以摒除身份、地位、肤色、血缘、地域、民族等种种差异进行交往和沟通，网络通信极大地拓宽了人们的交往空间，加大了人们交往的频率。

传统的网络通信局限于计算机屏幕，与现实生活中面对面的交往相距甚远，而当虚拟现实技术与网络通信相结合时，便产生了新的交往方式。不同地域、不同肤色、不同血缘的人可以同时沉浸在同一个虚拟场景中，在虚拟场景中的交流可以媲美真实交往给人的全方位真切感。这类实时性的交流有可能为不同文化阶层的人交流思想以及汇集他们的集体智慧提供无穷的机遇。

通过虚拟现实技术同时进入虚拟场景中召开会议，这种交往方式有效地提高了人们的交往效率。通过"虚拟交往"，人们的社会关系必然可以得到更宽泛、更有效的发展。与此同时，作为一切社会关系总和的人类本身也必将得到更好的发展。

元宇宙对发展现实世界的促进作用还体现在虚拟现实技术在人类生活中的应用。未来，元宇宙还将被逐步应用于军事、医疗、休闲娱乐等领域。在医学领域，它可被用于各种医学模拟，包括为医学院的学生提供人体解剖仿真，学生们可以借助虚拟场景提供的虚拟病人学习解剖、做手术；在军事领域，它可以为指挥官们提供军事演习的场景，为飞行员提供模拟飞行训练；在城市规划中，虚拟技术可以被应

用于城市规划和城市仿真，人们可以将各种规划方案定位于虚拟环境中，考虑这些规划方案对现实生态环境的影响并对种种方案进行评价。用户也可在虚拟环境中感受空间设计的合理性，从而避免在实际建造中消耗巨资和大量时间。

随着时代的发展，元宇宙还将展现更广阔的发展前景，更显著地促进社会的发展，有效地促进人的全面发展，真正实现美好的生活。

参考文献

[1] 华为 . AR 洞察与应用实践白皮书 [R/OL].（2021-06-17）[2021-06-21].
https://www.huawei.com/cn/news/2021/6/5g-ar-huawei.

[2] 郑震湘，钟琳 . VR 行业研究：VR 风云再起，应用多点开花 [R/OL].
（2021-04-25）[2021-06-21]. https://research.gszq.com/research/report?rid=
8ae5058478b4a6770179046225120d67.

[3] 中兴通讯 . 5G 云 XR 应用白皮书 [R/OL].[2019-02-21]. https://wenku.
baidu.com/view/5cfb13d66bdc5022aaea998fcc22bcd126ff4236.html.

[4] 胡小安 . 虚拟技术若干哲学问题研究 [D]. 武汉大学，2006.

[5] 赵阳阳 . 网络游戏开发的伦理审视 [D]. 南华大学，2013.

[6] 清华大学新媒体研究中心 . 2020—2021 年元宇宙发展研究报告 [R/OL].
[2021-09-21]. https://www.163.com/dy/article/GQ8MTPAG05378AHS.
html.

[7] 冯翠婷，文浩 . Metaverse 元宇宙深度研究报告：创造独立于现实世
界的虚拟数字第二世界 [R/OL].[2022-02-21]. http://www.dyhjw.com/
gold/20210502-90541.html.

[8] 张颖 . 区块链专题报告：NFT，用户生态新元素，元宇宙潜在的经济
载体 [R/OL].[2022-02-21]. https://www.modb.pro/doc/46428.

[9] 华泰研究 . 娱乐传媒行业 2030 展望：全面迎接虚实结合的数字化生
活 [R/OL].[2022-02-21]. https://max.book118.com/html/2021/0608/
6212052045003155.shtm.

[10] 许英博，陈俊云 . 元宇宙 177 页深度报告：人类的数字化生存，进入雏
形探索期 [R/OL].[2022-02-21]. https://www.txrjy.com/thread-1205756-1-1.
html.

[11] 国盛证券 . 元宇宙及区块链产业协同深度研究：元宇宙，互联网的下一站 [R/OL]. [2022-02-21]. https://www.vzkoo.com/document/25cff2328 3469702c0660f62e2d5dcaf.html.

[12] 华安证券 . 元宇宙深度研究报告：元宇宙是互联网的终极形态? [R/OL]. [2022-02-21]. https://card.weibo.com/article/m/show/id/ 2309404727034885571555.

[13] 华西证券 . 计算机行业深度研究报告：元宇宙，下一个"生态级"科技主线 . [M]. https://download.csdn.net/download/u013883025/22533462.

[14] 杨艾莉 . 元宇宙专题报告：始于游戏，不止于游戏 [R/OL]. [2022-02-21]. https://baijiahao.baidu.com/s?id=1710854225042137466&wfr=spider& for=pc.

[15] 王冠然，朱话笙 . 元宇宙专题研究报告：从体验出发，打破虚拟和现实的边界 [R/OL]. [2022-02-21]. https://baijiahao.baidu.com/s?id=170370 5514414259084&wfr=spider&for=pc.

[16] 国信证券经济研究所 . 元宇宙专题研究报告：网络空间新纪元 [R/OL]. [2022-02-21]. https://weibo.com/ttarticle/p/show?id=230940471729376578 7777&sudaref=www.baidu.com.

[17] 国盛证券 . 区块链行业之元宇宙：算力重构，通向 Metaverse 的阶梯 [R/OL]. [2022-02-21]. https://www.vzkoo.com/document/1863b3d3267d3ab9 36267eb3f175f29b.html.

[18] 中信证券 . Roblox：全球领先的多人游戏创作与社交平台 [R/OL]. [2022-02-21]. https://download.csdn.net/download/weixin_41429382/64751826.

[19] 天风证券 . Roblox 专题研究报告：Metaverse 第一股，元宇宙引领者 [R/OL]. [2022-02-21]. https://wk.askci.com/details/5a2f9f35a727463b8e9c24 7d9021fc9c/.

后记
POSTSCRIPT

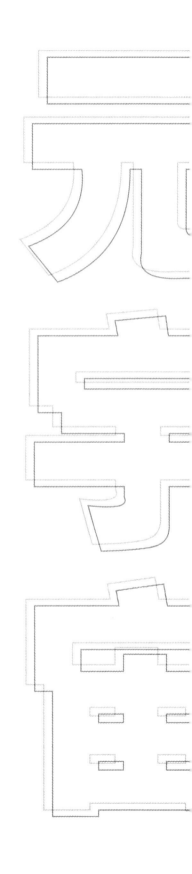

　　元宇宙毫无疑问是未来必将到来的时代，这是人类当下多种技术发展叠加后必然出现的一种新业态。对于未来，我们无须怀疑。当下，无论元宇宙的元年还是资本投资热潮，我们都需要冷静面对。正如 10 多年前的物联网热潮，5 年前的智能穿戴热潮，趋势产业描绘出的未来轮廓并不表示它将会以很快的速度到来并成熟。相反，它需要时间培育。元宇宙更是如此，因为它不是单项技术突破与成熟的结果，而是多项技术叠加催生的结果。

　　如果要我做一个判断，元宇宙真正到来将会在 2040 年之后。因此，对于头部企业而言，我们需要重视并成立专门的部门研究、关注、投资、培育这一赛道的相关产业技术，因为它是必将到来的未来。

　　对于一般创业者而言，我们需要尽可能集中优势资源切入产业链中的一小块，持之以恒

地培育、迭代。伴随着产业链的成长与成熟，在元宇宙时代到来的那一天在产业链中占据一席之地。

最后，当你读完此书，如果对元宇宙还没有获得一个清晰的认知，那么请记住我对元宇宙的这句定义。

所谓的元宇宙就是在多种科学技术的推动下获得的产物，是一个虚拟现实混同世界，个体与现实世界都将基于技术而变得无处不在与触手可及。元，表示一种新的纪元，一种未知边界的事物；使用宇宙这个概念，是为了表达这个即将到来的虚拟现实混同世界的广大。因为将虚拟与现实两个世界进行叠加，在叠加之后所产生的边界我们目前不得而知，因此我们称之为元宇宙。

既然是多种技术叠加下的产物，那么元宇宙涉及的整个产业链技术的任何一个环节的滞后发展都将会给元宇宙的爆发带来影响与制约。但元宇宙又是一个必将要到来的时代，因为技术在不断地向前发展。

元宇宙时代真正来临的那一天，我们当下的生活方式、商业模式，以及社会监管、治理方式，包括伦理、价值体系都将被重塑，在元宇宙时代，我们的躯体还没有办法达到"永生"，但我们的思想将会伴随着人工智能的混同而被延续。在这样一个时代，一切都将被重新定义，而我们要做的是以更开放的心态迎接更大变革的到来。